쌤,
저 뭐 달라진 거
없어요?

초판 1쇄 발행	2022년 12월 1일
지 은 이	정대현
교정·교열	김희숙
디 자 인	이윤아
일러스트	임의종
펴 낸 곳	섭리수학
등 록	2021년 2월 26일(제2021-000026호)
주 소	경기도 수원시 장안구 경수대로 994번길 33-8 수천빌딩 4층
대표전화	031-246-1201
전자우편	srmath12@naver.com

ⓒ 섭리수학, 2022
ISBN 979-11-974982-2-0(03410)

* 이 책은 저작권법에 따라 보호받는 저작물이므로 저작자와 출판사 양측의 허락 없이는 일부 혹은 전체를 인용하거나 옮겨 실을 수 없습니다.

* 책값은 뒤표지에 있습니다.

쌤, 저 뭐 달라진 거 없어요?

정대현 지음

섭리수학

프롤로그

* * *

 학창 시절, 뚜렷한 목표 의식 없이 그저 좋은 대학에 가는 것을 목표로 하는 삶을 살다가 대학에 진학하게 되었고 적성과는 잘 맞지 않는 과에 와서 공부가 재미없고 힘들어 뒤늦은 방황을 한 적이 있습니다. '어릴 적에 다양한 길을 제시해주는 멘토 선생님이 있었다면 어땠을까?', '내가 좀 더 주도적으로 내 진로를 알아보고 다양한 시도를 미리 해봤다면 어땠을까?' 이런 후회와 자책의 마음은 대학생 때부터 과외를 하다가 가르치는 보람을 느끼기 시작하면서 자연스럽게 교육에 대한 관심으로 이어졌습니다. '아이들이 나처럼 시행착오를 겪게 하지는 말자!'라는 마음으로 방학 때마다 청소년 캠프에 멘토로 참여하게 되었고, 거기서 학생들을 가르치면서 느낀 즐거움과 보람 덕분에 아이들과 함께하는 행복이 점차 삶의 큰 부분으로 자리 잡으면서 교육자에 대한 꿈을 차근차근 키워가게 되었습니다. 그러던 중 캠프에서 만난 인연으로, 2012년 마음 맞는 선생님들과

'주무르는 수학'이라는 교육 모임을 만들게 되었습니다. 그 이듬해 아이, 학부모, 선생님이 모여 같이 함께 더불어 만들어가는 교육을 추구하고자 협동조합인 '주무르는 수 요리방'을 설립했고 이는 지금의 '섭리수학 협동조합'으로 이어졌습니다.

 이후 10여 년 동안 아이들에게 요리와 미션으로 놀이하며 밝아지는 수학을 가르치면서 선생님 그리고 학부모들과 같이 함께 더불어 자녀교육을 고민해 왔는데요. 그렇게 아이들을 교육해온 과정과 더불어, 제 자신이 20년 이상 해온 석문호흡 수련을 통해 자기 자신을 참되게 알아가고 자신을 사랑해 가는 법을 체득, 체험, 체감해 가며 크게 깨우치게 된 것은 바로 '교육이란 자신에 대한 사랑과 믿음을 바탕으로 아이가 스스로 자신을 알아가며 자기다워지고 좌충우돌, 시행착오 속에서 자신만의 길을 지혜롭게 가는 법을 터득해 갈 수 있게 하는 것!, 그 과정에서 주변과 조화롭게 지낼 수 있는 힘을 자연스레 키워갈 수 있도록 옆에서 애정과 관심을 가지고 꾸준히 격려, 칭찬해 주고 지켜봐 주며 지로, 인도, 안내해 주는 것이구나!'라는 점이었습니다. 한마디로 아이가 자기 삶의 주인이 되는 과정을 옆에서 동고동락, 동병상련으로 같이 함께 더불어 하며 우리 모두가 성장해 나가는 것! 이것이 교육의 참된 의미가 아닐까 합니다.

사실 모르는 바는 아닙니다. 부모도 선생님도 궁극적으로는 아이가 자존감을 키워가고 자신만의 창조적인 역량을 키워가며 주변과 조화롭게 어울려 행복하게 살기를 바라지만 그게 말처럼 쉬운 일은 아니지요. 때로는 답답하고 때로는 불안한 힘들고 긴 교육의 여정에서 즐거운 인내와 충만한 끈기로 아이가 스스로 문제를 해결하고 성장해 나갈 수 있도록 격려, 칭찬해 주고 기다려주기란 정말 어려운 일입니다.

이를 어렵게 만드는 이유 중 하나는 바로 성적일 것입니다. 성적은 그야말로 아이를 바라보는 수많은 관점 중 하나일 뿐임을 알면서도 성적에 집착하다 보면 과정보다는 결과만 크게 보입니다. 아이들의 이야기에 귀 기울일 여유 없이 '이래야만 해'를 강요하는 교육, 어른 관점의 일방적인 교육이 진행되면서 어느새 소통은 단절되고 관계 결핍이 생겨납니다. 성적에 가려 아이의 다채로운 면을 보지 못하니 아이도 균형 있게 성장하기 어렵고, 아이도 없고 부모도 없이 성적만이 가장 중요한 본말전도의 상황이 일어나는 것이죠.

이 책은 10년 동안 아이들 그리고 학부모들과 동고동락, 동병상련으로 같이 함께 더불어 하며 겪은 교육 에피소드를 담았습니다. 아이들과 학부모가 가진 고민들을 들여다보고, 선생님들과 그 고민을 교류·공감·소통하는 과정을 통해 아이, 학부모, 선생님 모두가 스스로 자신을 돌아보고 깨우치며 성장하는 과정을 에세이로 보여드리고 싶었습니다.

이 책을 통해 선생님과 학부모가 자신을 먼저 사랑하고 돌아보는 데서부터 모든 교육이 시작되기를 바랍니다. 이를 바탕으로 아이, 부모, 그리고 선생님이 서로를 인정·존중·배려하며 우리 모두는 존재 그 자체만으로도 충분히 소중하고 귀하다는 가장 중요한 사실을 다양한 교육 환경 속에서 조금 더 인식할 수 있는 시간이 되면 좋겠습니다. 그러한 과정을 통해 나, 너 그리고 우리 모두가 자존·창조·조화로운 존재로 성장해 나가는 계기가 되기를 진심으로 기원합니다.

추천 글 1
수성초등학교 교사 김진희

* * *

초등교사이자 섭리수학에 두 아이를 보낸 학부모로서 섭리수학의 『엄마와 함께하는 주무르는 수 요리』, 『섭리적인 수학놀이』 도서에 이은 『쌤, 저 뭐 달라진 거 없어요?』를 읽으며 잔잔하면서도 아주 깊은 감동을 느꼈습니다.

엄마로서 자식이 공부를 잘하기 바라는 마음, 선생님으로서 학생들이 공부를 잘하기 바라는 마음을 항상 가지고 있었습니다. 자식이 공부를 잘하고 학생들이 공부를 잘해야 엄마이자 선생님의 역할을 제대로 하는 것이라 여겼습니다. 공부를 잘한다는 것은 바로 학교 성적(결과)이 좋은 것으로 생각하였으며, 특히 수학 과목은 타 교과에 비해 수준 차이가 많이 나서 성적을 가르는 매우 중요한 과목이기에 더욱더 관심과 신경이 쓰였습니다. 두 아이를 처음 섭리수학에 보낼 때도 좋은 성적으로 좋은 대학에 가는 데 도움이 되었으면 하는 마음이 분명 있었고, 학교에서 학생들에게 수학을 가르치면서도 과정의 즐거움보다는 결국 정답을 맞혀 점수를 올리는 결과의 중요성을 강조하곤 했습니다. 행복은 성적순이 아니라고 말은 하면서도 실제로는 성적을 행복의 필수조건으로 생각하였고, 전인교육이라는 교육철학과 현실의 입시제도 앞에서 이중적인 모습을 보인 것도 사실입니다.

 5~6년 동안 꾸준히 섭리수학을 다닌 두 아들의 변화된 모습을 곰곰이 돌이켜보면 자존·창조·조화의 모습이 언제부터인지 모르게 자연스럽게 갖추어지고 있었음을 느끼게 되었습니다. "이것 틀렸네." 라고 하면 "틀릴 수도 있죠. 다시 하면 돼요."라며 대수롭지 않게 다시 문제를 풀어가는 모습, "제가 직접 기획해서 만든 컵과 셔츠를 시장에서 팔았는데 진짜 팔렸어요."라며 기뻐하던 모습, "섭리수학 선생님은 제 말을 끝까지 들어주세요. 문제도 제가 끝까지 풀 때까지 기다려주시고, 정답을 맞혀도 풀이하는 또 다른 여러 방법들을 알려주세요. 그래서 공부할 때 마음이 편해요."라고 말하는 모습을 종종 보았습니다. 그런 모습을 볼 때마다 흐뭇하기도 하면서도 한편으로는 교사로서 학생들을 기다려주지 못하고 다그치고 있지 않은지, 우리 반 아이들은 편한 마음, 즐거운 마음으로 공부를 하고 있는지 끊임없이 돌아보며 반성을 하기도 합니다.

이 책은 우리 사랑스러운 자녀들과 학생들이 수학을 배우는 과정에서 일어나는 일상 속 아주 작고 소소한 72가지의 에피소드들을 통해 어렵고 힘들고 스트레스 받는 수학 공부가 아닌, '밝아지는 수학'이란 어떤 것인지를 따뜻하면서도 친절하게 보여주고 있습니다. 학부모에게는 자녀 교육을 어떻게 해야 하는가에 대해, 교사들에게는 수학 공부를 어떻게 가르쳐야 하는가라는 난제에 대해 깊은 성찰과 탐구를 불러일으킬 뿐만 아니라 나아가 진정한 배움이란 무엇인가, 공부를 잘한다는 것은 무엇인가, 과연 배움의 즐거움을 통한 행복이라는 것은 무엇인가라는 삶의 목적과 방향성까지 일깨워주어 놀라게 됩니다. 깜깜한 밤, 하늘에서 방향을 알려주는 밝은 북극성처럼 자녀나 학부모나 교사들에게 밝아지는 수학 교육의 새로운 방향성을 제시해 줍니다.

자녀들은 부모를 닮아가고, 학생들 또한 담임선생님을 닮아간다는 말을 흔히 합니다. 이는 동고동락하며 같이 함께 더불어 하는 시간들 속에서 서로가 서로의 거울이 되기에 그렇지 않나란 생각을 해 봅니다. 이 책을 통해 부모와 자녀, 선생님과 학생 모두가 밝아질 수 있음을 믿어 의심치 않습니다.

추천 글 2
구립 예솔어린이집 원장 조순영

* * *

 우선, 사례 중심이라 편안하게 읽어나갈 수 있었습니다. 가슴이 찡하기도 하고 절로 웃음이 나오기도 하며 시간 가는 줄 모르고 즐겁게 읽었습니다. 한 인간의 성장과 변화, 발전이라는 교육의 본질을 일상의 말과 행위 등 작고 소소한 부분을 통해 성찰, 탐구할 수 있어 참 좋았습니다. 교육의 핵심과 본질에 다가가는 것은 큰 목표나 거대 담론이 아니라, 무심코 지나칠 수 있는 일상의 소소한 마음, 무심히 오가는 대화와 일상의 소통, 그리고 부모나 교사가 먼저 성찰하고 실천하고 변화하는 모습을 통해 가능하다는 것을 잔잔하지만 설득력 있게 전하고 있어, 읽는 내내 참으로 기쁘고 즐거웠습니다.

 특히 어렵고 재미없고 생활과 무관하다고 여겨지는 과목, 많은 사람들에게 트라우마로 남아 있는 수학이라는 과목을, 아이들이 어떻게 즐겁게 공부할 수 있을까를 구체적으로 보여주고 있는 지점은 매우 의미 있다고 생각됩니다. 잘해야 하고 정답을 찾아야 한다는 부담에서 벗어나, 인간이라면 누구나 가지고 있는 배움의 즐거움을 찾아가도록 하는 과정, 아이들에게 생각할 시간을 주고 자신의 길과 방식으로 차근차근 그 길을 찾아가도록 하는 방식은 느리지만 가장 빠른 방식임을 이 책에서 보여주고 있습니다.

아이들 또한 자신의 삶을 잘 살고 싶기 때문에, 조금만 여유를 가지고 시간을 주면서 쉬운 문제부터 시작하여 시도하고 시도하고 또 시도하도록 하면 난관을 뛰어넘고 결국 수학에 흥미를 가지고 즐겁게 배움을 이루어갈 수 있음을 사례를 통하여 잘 보여주고 있습니다. 이와 같이 자기 자신의 내면에서 나오는 근본적인 바람과 욕구에서 수학 공부를 풀어가는 방식은 교육적으로 매우 의미 있고 가치있고 중요한 지점입니다. 자아의 실현이라는 서양의 교육목적이나 자기수도라는 동양의 교육목적 또한 자신에서부터 출발하고 있고, 그러한 교육의 일반론적 목적과 맞닿아 있기 때문입니다. 나아가 이 책에서도 이야기하고 있듯, 그러한 방식이 자기를 이해하고 사랑하는 자기사랑 공부법이며, 그것이 아이들이 이후 삶을 살아가는 태도가 될 것이기 때문입니다.

개인적으로 저의 공부에도 큰 도움이 되었습니다. 석문호흡을 공부하는 과정과 아이들이 수학을 공부를 하는 과정이 다르지 않고, 과거와 현재와 미래, 수련과 일상이 일맥·일관·일통한다는 생각을 다시금 하게 됩니다. 마음과 마음가짐의 중요성, 결과가 아닌 과정의 중요성, 스스로 흥을 일으키는 공부, 자신감, 도전의식, 자기사랑을 일상생활 속에서 쉽게 풀어놓은 내용이 한층 더 깊이 있게 다가왔습니다.

현직에 있는 교육인들이 이 책을 꼭 읽었으면 좋겠습니다. 많은 아이들과 진도에 맞추어 수업하다 보면 여유 없이 쫓기듯 가르치는 경우가 많은데, 이 책을 읽으며 성찰되는 부분이 많을 것 같습니다. 나와는 상황이 다르다고 생각하는 교사들도 있겠지만, 공감하고 위로받는 교사들이 훨씬 더 많지 않을까 합니다. 교사들뿐 아니라 부모들에게도 꼭 추천하고 싶습니다. 다른 아이와 비교하면서 조급해지는 부모의 마음을 다독여줄 수 있는 책이라 생각됩니다.

추천 글 3

용인한얼초등학교 교사 김유미

* * *

책을 읽으며 한때 순수한 마음으로 열정을 다해 참된 교육에 대해 고민하고 고민하던 지난날이 떠오릅니다. 이제는 교육이란 무엇인가라는 거대담론보다는 학부모 민원이 발생하지 않고, 교육과정의 법적인 테두리를 벗어나지 않는 선에서 좀 더 수월하게 수업을 하고, 학생들이 다치지 않고 안전하게 학교생활을 하는 것에 더 초점이 맞춰져 있는 자신, 먹고 살기 위한 직장인의 마인드로 다져진 자신을 바라봅니다.

이 책은 제도교육에서는 찾아보기 힘든 순수하고 본질적인 가치관과 관점들이 담겨져 있어 자신의 현재 모습을 거울처럼 비춰주었습니다. 지금이 참 편안하고 점점 더 편안해지고자 하는 욕심으로 가득한 자신을 자각해가며, 스스로가 생각하는 진정한 교육이란 무엇인가라는 물음을 다시 던져주었습니다. 과거로 거슬러 올라가 제 자신이 교육 현장에서 이루고자 했던 처음의 마음, 초발심을 꺼내보았습니다. 대안교육과 상담 공부에서 익히고 배운 것들을 조금 해 보다가 힘드니까 하나씩 포기하며 살아왔는데, 이제는 드러나는 행사 위주의 학급 운영이 아닌 교육의 본질적인 가치관과 관점으로 작고 소소한 일상 속에서의 작은 변화들을 일으켜가야겠다는 생각이 들었습니다. 그리고 그 시작은 자기 자신에게서부터라는 것을 다시금 깨닫게 되었습니다.

제가 생각하는 교육이란 '자신의 계단을 꾸준하게 올라가는 것'이라고 정의 내리고 싶습니다. 자신만의 특성·특징·특색을 따른 자신만의 길을 지치지 않고 꾸준하게 한 계단씩 올라가는 것이 삶이기도 하고, 그러한 삶을 살아가도록 도와주는 것이 교육이라고 생각합니다. 그래서 학생들의 모든 말과 행동이 의미 있고 가치 있음을 인식하여 학생들이 남과 비교하지 않고 자신의 길을 오롯이 걸어가는 것에 집중할 수 있도록 진심으로 격려하고 응원해가고자 합니다.

책을 읽고 나니 자신의 현실이 자각되어 다소 부끄럽기도 하였지만, 현실에 안주하거나 바꾸기 힘들다고 포기하지 말고 자신만의 교육철학을 지금 여기에서부터 구현해 내는 작고 소소한 실천을 해 가야겠다는 의지가 일어났습니다. 책 속 현실이 동경의 대상이 아니라 제 자신의 현실이 될 수 있다는 희망을 품어 봅니다. 지치고 다소 무기력해져있는 많은 교사들에게 따뜻하고 희망적인 메시지로 각자의 초발심을 자극할 수 있을 것이라 기대합니다.

또한 일상 속에서 자주 접할 수 있는 우리들의 작고 소소한 교육 이야기들을 통해 머리로만 알고 있던 것들이 현실 속에서 어떻게 작용되는지를 담담하고 명쾌하게 풀어내주셔서 쉽게 읽히면서도 시사하는 점이 결코 가볍지 않았습니다. 교실이라는 공간이 얼마나 큰 공부의 장인지 새롭게 인식됩니다. 그곳에서 자신의 빛과 힘, 가치를 나투고 밝히고 나누는 것이 자신이 할 수 있고, 해야 되는 일이라는 것을 마음 깊이 새기게 되었습니다.

이러한 계기를 만들어 준 이 책에 깊이 감사한 마음을 전합니다.

차례

1. 자존편

26	에피소드 1	인정하는 것이 곧 자기사랑!
29	에피소드 2	내가 선생님을 이기다니!
31	에피소드 3	아이들의 말과 행동을 가만히 들여다보면
35	에피소드 4	아이가 말이 없는 이유?
39	에피소드 5	어려움을 회피하고자 하는 이유?
42	에피소드 6	엄마~ 나 인수분해 할 줄 알아!
44	에피소드 7	내 아이보다 다른 아이의 좋은 점이 먼저 보인다면?
49	에피소드 8	우리 아이, 미디어 안전지대는 어디?
55	에피소드 9	모 아니면 도?
58	에피소드 10	긍정 vs. 부정, 진짜 중요한 것은?
60	에피소드 11	움찔하는 아이들을 보며
65	에피소드 12	지구가 곧 학교!

67	에피소드 13	세상에 이런 일이?
69	에피소드 14	자기다움
72	에피소드 15	주변에서 선행 학습을 해야 한다는데...
76	에피소드 16	아이는 자신의 거울
78	에피소드 17	그 누구도 늦게 피는 꽃을 탓하지 않듯이
82	에피소드 18	맞으면 좋고 틀리면 안 좋은 게 당연한 걸까?
85	에피소드 19	할아버지 될 때까지 안 먹을래요~
87	에피소드 20	이거 꼭 해야 돼요?
91	에피소드 21	아이의 입에서 나온 의외의 공부법
95	에피소드 22	하루만 더 쉬고 싶어요!
98	에피소드 23	저는 파프리카 안 좋아하는데요.
101	에피소드 24	체득한 만큼 나누는 행복

차례

2. 창조편

106	에피소드 25	사칙연산 하나로 생긴 변화
109	에피소드 26	아이가 수학과 친해지려면?
112	에피소드 27	공부를 하는 진짜 이유 - 꿈, 희망, 긍정, 열정
116	에피소드 28	선생님이 제 마음을 어떻게 아시나요?
120	에피소드 29	쌤 있잖아요~
124	에피소드 30	근데 이걸 왜 배우나요?
130	에피소드 31	저는 이 문제를 꼭 알아야겠습니다!
134	에피소드 32	이등병 삼각형?
136	에피소드 33	내 몸에서 시작되는 창조성
138	에피소드 34	뽀로로가 수학 기호가 된다면?
141	에피소드 35	제 실력을 발휘하기 어려운 이유는?
144	에피소드 36	미래는 알 수 없다는 말의 의미

148 에피소드 37 잘하고 싶은데 하기는 싫고

152 에피소드 38 무언가를 온전히 이해하려면?

155 에피소드 39 한계가 있어서 뛰어넘을 수 있다!

158 에피소드 40 자기 삶의 주인이 된다는 것

160 에피소드 41 10만 명에게 설문을 받았다고?

162 에피소드 42 OO의 법칙

164 에피소드 43 3개에 1,000원~

166 에피소드 44 2년 후에 채용 공고 내주세요!

169 에피소드 45 때로는 편식이 필요하다

171 에피소드 46 아이가 출제자가 되어 본다면?

173 에피소드 47 아는데 잘 안돼요.

175 에피소드 48 요리가 망했는데 재밌어요!

차례

3. 조화편

180	에피소드 49	아이의 이야기에 경청하는 방법
183	에피소드 50	시험을 못 본 게 아이만의 문제일까요?
187	에피소드 51	하루 종일 핸드폰만 보는 것 같고 답답해요.
190	에피소드 52	저 혼자 하면 안 될까요?
194	에피소드 53	들어주는 것만으로도
197	에피소드 54	아이들은 수학공식이 아니다!
202	에피소드 55	아이들도 스스로 납득하는 과정이 필요하다
206	에피소드 56	길게 보면
210	에피소드 57	도대체 방에서 뭘 하는지...
214	에피소드 58	감초는 몸에 좋지만 OO은 세상에 좋다
216	에피소드 59	저 뭐 달라진 점 없어요?
219	에피소드 60	초밥에서 단촛물이 필요한 이유

222 에피소드 61 대한민국에서 학생으로 산다는 건 참 힘든 것 같아요.

224 에피소드 62 선생님과 학생의 역할을 바꾸니 보이는 것들

227 에피소드 63 아이를 보면 답답해요.

229 에피소드 64 친구들과 잘 어울렸으면 좋겠어요.

232 에피소드 65 선생님은 너무 착해요.

234 에피소드 66 저 서운한 게 있어요.

236 에피소드 67 제가 한턱 쏠게요~

239 에피소드 68 회사 생활 쉽네~

241 에피소드 69 형이 하는 건 다 따라 하고 싶어 하더라고요.

243 에피소드 70 학교 급식 때문에 못할 것 같은데 어떡하죠?

246 에피소드 71 학교 생활이 달라졌어요.

248 에피소드 72 협동하며 같이 함께 더불어 하는 이유를 배우는 아이들

밝아지는 수학으로 자존·창조·조화로워지는
부모, 아이 그리고 선생님 이야기

1.
자존편

에피소드 1

인정하는 것이
곧 자기사랑!

"선생님 드릴 말씀이 있는데요. 저, 슬럼프가 온 것 같아요."

"해야 할 건 너무 많은데 공부는 하기 싫고 심지어는 게임도 재미가 없어요."

"그래? 그렇구나~. 그런데 누구나 슬럼프는 겪는 거고 선생님도 겪을 때가 있거든. 당연히 올 수 있는 거니까 그냥 슬럼프가 왔다고 인정해 줘도 괜찮아~"

아이가 슬럼프 자체를 인정하고 받아들이고 싶어 하지 않는 것 같아서 슬럼프 자체를 인정하고 받아들여도 충분히 괜찮다고 얘기해

에피소드1 인정하는 것이 곧 자기사랑!

주었습니다.

그런데 이후 수업 때 놀라운 일이 일어났는데요. 아이가 평소보다 더 집중력을 발휘해서 열심히 공부를 하는 겁니다.

전에는 잘하고 싶은 마음은 큰데 하기는 싫고, 자기 뜻대로 안 된다고 생각하니 문제가 조금만 어려워도 투덜대고 공부 자체를 싫어했는데요. 아이가 지금의 슬럼프를 있는 그대로 인정하니 마음이 한결 편해지며 다시 의지가 생겼는지 문제가 조금 어렵더라도 더 적극적으로 다시 풀어보려고 했습니다. 문제를 틀렸을 때도 전보다 스트레스를 덜 받는 모습이었고요.

'아! 마음과 마음가짐이 이렇게 중요하구나! 인정하기만 해도 변화, 발전이 시작되는구나!'라는 깨우침과 감동이 일어났는데요.

자신의 모습을 있는 그대로 이해하고 수용하고 포용하는 것이 바로 자기사랑이며 변화와 발전은 결국 자기사랑에서부터 시작됨을 재인식한 귀한 시간이었습니다.

에피소드 2

내가 선생님을 이기다니!

아이들과 '익힘게임'이라고 이름을 붙인 사칙연산을 때론 협동하며, 때론 경쟁하며 풀어보는 시간을 통해 연산 능력을 단련해 나가고 있는데요. 그러던 중 **"선생님이랑 한번 대결해 보는 건 어때?"**라고 아이들에게 제안하면 처음에는 아이들이 선생님을 어떻게 이기냐며 일단 거부반응을 보입니다. 그런데 처음엔 싫다고 했다가 꾸준히 연습해서 간단한 사칙연산 정도는 해볼 만하다고 여기게 되면 아이들은 결국 선생님과의 대결에 응하게 됩니다.

사실 쉬운 문제는 얼마나 필기를 빨리하느냐도 중요한데요. 여기에 핸디캡(선생님이 1~2초 정도 늦게 시작하는 것)까지 적용해서 승부를 겨루게 되면 때론 아이들이 선생님을 이기기도 합니다.

그러다가 점차 핸디캡 없이 대결을 하는데요. 핸디캡 없이도 선생님보다 더 빨리 풀게 되면 아이들이 선생님을 이겼다는 생각에 자신감이 크게 상승하게 됩니다.

"제가 이겼어요!"

결국 해 볼 만하다는 생각에서 시작해서 결국 내가 잘한다는 마음까지 이어지게 되는데요. 어려운 상대를 이겼을 때, 어려운 문제를 해결했을 때 그 자신감은 더욱 커집니다.

높은 산을 오른 후 느끼는 성취감처럼 수학을 통해 느낀 그 성취감이 아이들에게 큰 힘이 되기를 바라는 마음으로 오늘도 아이들의 구박을 받으며 익힘게임 START!

에피소드 3

아이들의 말과 행동을
가만히 들여다보면

"선생님, 제가 만든 것 좀 봐 주세요~."

"문제가 너무 어려워요."

"오늘 학교에서 너무 힘들었어요."

"귀찮아요~."

"저 이거 하기 싫어요!"

긍정적인 말과 행동부터 때로는 부정적인 말과 행동에 이르기까지 아이들의 모든 말과 행동은 한 가지 목적을 지향하는데요. 바로 관심받고 싶고 사랑받고 싶고 인정받고 싶은 마음입니다.

　어쩌면 관심받고 사랑받고 인정받고 싶은 마음은 성장 과정에서 그만큼 관심과 애정 그리고 사랑이 필요하기 때문이 아닐까 싶은데요. 10년 동안 아이들을 가르치면서 수업 시간에 수업과 관련 없는 얘기(예를 들어 학교나 집에서 있었던 일이나 친구들과 있었던 일)를 마구 쏟아 내거나 수업 중간에 자꾸 엄살을 부리고 투덜대는 학생들을 자주 보았습니다. 수많은 경험을 통해 아이들의 말과 행동은 결국 자신에게 관심과 애정 그리고 사랑을 달라는 표현임을 알게 되면서 아이들을 바라보는 관점이 많이 바뀌었는데요. 모든 게 사랑받고 싶은 마음에서 비롯됨을 알고부터는 아이들의 얘기를 먼저 경청하고 공감해 주는 것에 보다 집중하게 되었습니다. 그러자 답답함이나 속상한 마음이 줄어들며 아이들의 말이나 행동 자체를 좀 더 관조하듯 바라보는 여유가 생겼습니다.

　아이들이 자신들이 담아둔 여러 가지 마음, 생각, 감정들을 풀어내고 그 마음을 어느 정도 해소한 후부터는 더 밝은 마음으로 수업에 잘 참여하고 집중하는 모습을 보면서, 무언가를 가르치고 배우게

에피소드3 아이들의 말과 행동을 가만히 들여다보면

하는 데 있어서 먼저 들어주고 이해해주고 공감해주며 관심과 애정을 가져주는 것이 무엇보다 중요함을 깨달았습니다.

그러한 이치를 알게 된 후부터는 아이들을 가르칠 때 좀 더 여유와 넉넉함이 생겼고, 아이들도 '선생님은 내 편이구나.'라고 생각하며 마음을 더 활짝 열면서 차츰 더 밝아지는 계기가 됐습니다.

아이들이 바라는 만큼의 관심과 애정과 사랑을, 아니 그 이상 주고자 하는 마음으로 오늘도 사랑하는 마음, 밝은 웃음, 환한 미소로 아이들과 같이 함께 더불어 하고자 합니다.

에피소드 4

아이가 말이 없는 이유?

"○○이는 어떻게 생각하니?"

"틀려도 괜찮으니 편하게 이야기해 보렴!"

수학은 결과보다 과정이 더 중요하다고 생각하여 수업 시간마다 아이들이 어떻게 답을 구했는지 이유를 늘 묻게 되는데요.

그런데 간혹, 정말 꼼꼼하고 뭐든 잘하는 아이에게 생각이나 의견을 물었는데 답을 하지 않을 때가 있습니다.

" "
…

아이어머니와도 소통하며 아이의 모습을 쭉 관찰해 보니, 선생님이 틀려도 괜찮다고 하더라도 아이 스스로 틀리고 싶지 않아서 더 생각할 시간이 필요했던 것이었습니다. 특히, 수학은 빠르고 정확하게 늘 정답을 구해야 한다는 생각에 더 큰 부담을 느꼈던 거죠(그런 마음이 아이가 수학을 싫어하게 된 계기가 되었다는 건 나중에야 알게 되었습니다). 완벽주의 성향을 가진 그 아이를 좀 더 이해하고 나니 틀려도 괜찮다는 말이 아이에게는 오히려 부담이 되지 않았나 싶습니다.

삶을 살아가면서 늘 자신이 옳거나 정답만 맞힐 수는 없는데요. 지금처럼 틀리고 싶지 않은 마음이 강하면 스스로가 자신을 더 힘들게 하는 면도 있기 때문에 맞고 틀리고 보다 정답에 접근하는 과정에 집중하도록 할 필요가 있습니다. 그러기 위해서 조금 더 아이를 있는 그대로 인정해 주면서 편하게 얘기할 수 있도록 기다려 줘야겠다는 마음이 들었는데요.

"괜찮아~ 나중에라도 생각나면 얘기해 주렴."

아이들이 늘 스스로 생각해 내야 한다는 저만의 기준과 아이들이 반드시 대답해야 한다는 저만의 잣대를 잠시 내려놓고 아이에게 충분히 생각할 시간을 주니 아이가 좀 더 편안하고 즐겁게 수업하는 모습을 보면서 누구에게나 자신만의 길이 있음을 다시 한번 느끼게 되었는데요.

 몇 달이 지난 후 어머니와 상담하면서 아이의 변화에 놀란 적이 있었습니다.

 "우리 아이가 도서관에서 수학 관련 책을 빌려보기도 하고요. 요리하고 미션을 하면서 배운 수학 개념을 집에 와서 자세히 얘기해 준답니다."

 "아이가 이렇게 얘기하더라고요."

 "이해해서 알게 되면 너무 좋아~."

 정답을 맞혀야 한다는 부담에서 벗어나 스스로 배움 자체의 즐거움을 알아가며 신명나는 삶을 살고 있는 아이가 참 멋지고 훌륭하고 자랑스러웠습니다.

그러고 보니 잘해야 한다는 부담감에 우리는 어느덧 배움 자체의 즐거움을 잊고 사는 건 아닌지 모르겠네요.

그 아이를 보며, 앞으로는 제 자신만의 기준과 잣대를 내려놓고 아이의 성향 자체를 인정·존중·배려해 주는 것을 바탕으로 아이가 자신만의 시간을 충분히 가지며 차근차근 성장할 수 있도록 하는 일종의 '공부 여행 가이드'가 되어야겠다는 다짐을 하게 됩니다.

에피소드 5

어려움을 회피하고자 하는 이유?

"시험을 보기 전에 자기 평가를 한번 해 볼까?"

물론 시험이라는 평가가 단점도 많고 아이들에게 부담이 되지만, 밝은 점을 보면 자신이 얼마만큼 잘 이해하며 공부했는지를 체크하면서 자신의 실력을 있는 그대로 보고 부족한 부분은 보완해나가도록 돕는 장점도 있어서 시험 보기 전에 아이들과 '자기평가'라는 이름으로 테스트를 해보곤 합니다.

어느 날 한 아이의 자기 평가를 보니 45점 정도가 나왔는데요. 푼 문제는 다 맞은 반면 나머지 문제는 아예 답도 적혀 있지 않았습니다.

"풀 수 있는 것만 풀었어요."

아이의 이야기를 들어보니 쉽다고 여긴 문제는 할 수 있다는 자신감에 집중해서 풀고 어렵다고 여긴 문제는 아예 포기해 버렸습니다.

어려움을 회피하려는 마음! 문제를 못 푸는 자신을 직시해서 상처받으니 아예 포기해 버리는 이 마음을 어떻게 극복하면 좋을까요?

쉬운 문제는 쉬운 문제대로 자신감을 가지고 풀고 어려운 문제는 어려운 문제대로 도전정신을 가지고 풀게 하려면 어떻게 해야 할까요?

무엇보다도 연습을 통해 어려운 문제도 차근차근 밟아나가면 분명 해결할 수 있다는 경험을 쌓는 것이 중요하다고 생각합니다.

아이들이 살아가면서 겪을 수많은 어려움들을 모두 다 피할 수는 없기에, 수학 문제를 해결하는 과정을 통해 회피하고 외면해서라도 상처받지 않으려는 마음부터 인정하고 극복하여 뛰어넘을 수 있게 해주고 싶은데요.

그러려면 어려운 문제는 틀리는 게 당연하고 어려운 게 자연스러운 일이라고 얘기해 주고, 조금씩 조금씩 자신감을 갖게끔 도와주면서 격려와 칭찬을 통해 힘겨움도 거뜬히 견뎌내는 연습을 자꾸 시켜줘야 할 것 같습니다.

어쩌면 아이는 수학을 통해 자신의 모습을 있는 그대로 직시하고 인정하고 뛰어넘는 공부를 하고 있는지도 모르니까요.

에피소드 6

엄마~ 나 인수분해 할 줄 알아!

인수분해는 중학교 3학년 과정에서 나오는 개념인데요. 개념만 이해하는 건 사실 초등학생도 가능합니다. 그런데 어른들은 자신들의 학창 시절 경험으로 '인수분해는 어려워!'라는 선입견과 편견을 갖고 있는 경우가 많습니다.

학년마다 아이들의 성장 과정에 맞춰 교과과정이 구성되어 있지만 이 또한 고정틀로 작용하는 경우가 많습니다. 초등 3학년 개념이 어려울 수도 있고 고등 1학년 개념이 의외로 쉬울 수도 있는데 우리는 학년별 교과 과정을 마치 넘을 수 없는 커다란 장벽으로 인식하곤 합니다.

무엇보다 중요한 건 수학을 통해 체계·논리·합리적인 사고력을 키워가는 것이라고 생각합니다. 실제로 인수분해 개념을 충분히 이해하고 깨우칠 수 있는 콘텐츠로 수업을 해보면요. 초등학교 5~6학년 아이들도 인수분해 개념을 잘 이해합니다.

"인수분해? 결국 사각형을 만드는 거야!"라고 얘기하며 '도시락 만들기'를 통해 인수분해의 원리를 체득하는 시간을 가지면요. 초등 6학년 아이가 집에 가서 엄마에게 아래와 같이 얘기를 하게 됩니다.

"엄마~ 나 인수분해 할 줄 알아!"

그 말이 감동적이었던 건 아이가 인수분해라는 어려운 개념을 이해해서가 아니라 자신이 그렇게 어려운 것도 해냈다는 자신감을 표현해서인데요.

어려운 걸 해냄으로써 한계나 틀을 뛰어넘을 수 있다는 자신감! 그 자신감이 아이를 조금 더 성장시키고 앞으로 다른 어려운 일도 해낼 수 있다는 확신을 불러일으켜 주지 않을까요?

에피소드 7

내 아이보다 다른 아이의 좋은 점이 먼저 보인다면?

하루는 학부모님들과 아이들 관련하여 1:1로 소통을 하는데 그날따라 부모님들이 서로 다른 집 자녀 칭찬들을 하셨습니다.

A 어머니는 이렇게 얘기했습니다.
"OO(B 어머니의 아이)는 친구들이랑 잘 어울리고 배려심도 많네요."

B 어머니는 저에게 이렇게 얘기하셨고요.
"OO(A 어머니의 아이)는 아이가 참 똑 부러지네요."

서로 상대방의 아이를 칭찬해 주시는 모습이 참 보기 좋고 흐뭇했던 시간이었는데요. 소통을 마치고, 문득 이런 생각이 들었습니다.

'부모들은 자기 아이의 장점을 얼마나 있는 그대로 인정하고 있을까?', '아이의 장점을 얼마나 아이에게 표현하고 있을까?'

우리 아이는 내가 너무 잘 아니까 표현하지 않으셨거나 겸손하시다 보니 그런 것 같다는 생각도 들었지만 한편으로는 대부분의 부모들이 자녀의 장점은 당연하게 생각하는 반면 부족한 부분은 크게 생각하기 때문이 아닐까 싶기도 했습니다.

이러한 현상의 근본적인 원인이 뭘까 궁금해졌습니다. 세상의 모든 부모는 자신과 아이를 동일시하여 너의 행복이 곧 나의 행복이라고 생각하는 경향이 있는데요. 이러한 동일시 현상은 뇌 과학 연구로도 밝혀진 바가 있죠.

어찌 보면 부모들 스스로가 자신의 잘하는 점은 당연히 여기는 반면 못하는 점을 더 부각해서 자책하기 때문에 아이에게도 그렇게 대하는 건 아닐까 싶었습니다.

그래서 장점보다는 단점에 집중하게 되고, 그러다 보니 아이들은 부모의 얘기를 잔소리로만 듣게 되죠. 사실 어른, 아이 할 것 없이 우리는 누구나 격려받고 싶고 칭찬받고 싶은데 말이죠.

아이를 키우다 보면 항상 격려, 칭찬만을 할 수는 없는 상황이 생깁니다. 그래서 교육은 분명 필요한데요, 편식하지 않고 여러 음식을 골고루 먹어야 균형 있게 성장하듯이 아이에게도 관심과 애정, 격려, 칭찬, 사랑 그리고 잘못된 부분 개선하기가 골고루 균형 있게 필요합니다.

관심과 애정을 바탕으로 격려와 칭찬 속에서 차근차근 아이를 이끌어준다면 아이도 성취감과 보람을 느끼며 부족한 부분은 차근차근 보완해 나갈 수 있을 것입니다. 이렇듯 아이의 밝은 점을 진심으로 격려하고 칭찬하려면 또 하나 아주 중요한 것이 있습니다.

'아이의 밝은 점을 진심으로 격려하고 칭찬하기 위해 필요한 것'

그것은 '부모가 먼저 자신의 밝은 점부터 보기!'입니다. 부모의 건강한 자존감이 곧 아이의 자존감에 큰 영향을 미치니까요. 아이의 잘하는 점을 먼저 보고 칭찬부터 해주는 밝은 습관을 차근차근 만들어 가기 위해서 바로 어른인 우리 자신부터 스스로를 격려, 칭찬

에피소드7 내 아이보다 다른 아이의 좋은 점이 먼저 보인다면?

해 줄 필요가 있습니다.

'나 자신부터 밝아지면 아이도 밝아진다!'

아이들을 교육하는 모든 부모와 선생님 입장에서 '나 자신부터 밝아지면 아이도 밝아진다.'라는 믿음은 꼭 필요한 덕목입니다. 그래서 오늘도 꾸준히 밝은 정성과 노력을 경주하고 있는 제 자신부터 격려, 칭찬해 봅니다.

그래야 아이를 향한 격려, 칭찬이 자연스럽게 우러나올 테니까요. 아시죠? 아이는 모든 걸 다 느끼고 있다는 걸요.

에피소드 8

우리아이,
미디어 안전지대는 어디?

코로나19 이후 아이들 건강을 최우선으로 두다 보니 섣불리 오프라인 수업을 하기 어려운 상황 속에서 온라인으로 수업을 진행하고 있습니다. 한 달에 한 번, 정기적으로 학부모와의 전화상담도 꾸준히 이어가고 있는데요.

가끔 수학 외에도 부모님들로부터 다른 주제의 학생 상담이 들어오곤 합니다.

이런 문자를 보내주셨어요.

"안녕하세요 OO맘입니다. 선생님 OO이가 스마트폰으로 SNS를 자주 보고 있는데 최근의 사회 이슈를 사건의 정확한 정보보다는 자극적인 짧은 영상으로 접하다 보니 사건을 바라보는 올바른 방법을 배우지 못하는 것 같습니다... (중략) 가능하시면 미디어를 만나는 건강한 방법에 대해서 꼭 알려주세요. 부탁드립니다"

아이들의 스마트폰 중독과 무방비한 미디어 노출은 하루 이틀 일이 아닙니다. 사실 코로나 이전에 오프라인 수업을 할 때도 아이들이 스마트폰에 신경을 많이 쓰다 보니 임시방편으로 수업 전에 스마트폰을 모두 걷었다가 쉬는 시간에 나눠주고 있었거든요. OO 어머니께는 방법을 찾아보고 연락드리겠다고 답변드렸습니다.

'어떻게 하면 아이가 미디어를 건강하게 만날 수 있을까?' 고민이 되어 다른 반 선생님들과도 내용을 공유하고 얘기를 나눠보았습니다.

현대 사회에서 스마트폰은 아이들에게 심심함을 잠재울 가장 빠른 장난감이 되었는데요. 이를 지켜보는 부모님들은 스마트폰에만 빠져있는 모습이 걱정스러워 제재도 해 보고 절제시켜 보려고도 하지만 영 쉽지 않습니다.

산속에 들어가지 않는 한은 TV, 인터넷 등에 늘 노출될 수밖에 없는 환경 속에서 아이들의 스마트폰 사용을 제한하는 것이 과연 가능할까라는 생각도 들었습니다.

며칠 후 OO 어머니와 통화를 했습니다.

사건의 발단은 코로나19로 인해 아이가 집에 있는 시간이 길어지면서 미디어 노출이 잦아지는 바람에 평소에 듣지 못한 정보들도 많이 접하고, 게다가 최근 아이들이 좋아하는 'OO' 대화 앱은 영상이 짧다 보니 더 자극적이고 단편적인 정보를 접하게 된다는 점이었습니다. 아이어머니는 뭐가 옳고 그른지 모르는 아이가 부모의 통제를 벗어나서 자극적인 미디어에 노출이 되고 잘못된 생각이나 잘못된 편견을 가지게 되는 것이 걱정이었습니다.

아이어머니의 정황과 대처를 들어보니 상황에 어머니가 잘 대처하고 계시다는 생각이 들었습니다. '엄마, 아빠가 건강하면 된다. 엄마, 아빠가 중심을 잘 잡으면 된다.'라고 생각하고 계셨고, 아이가 물어보면 설명을 해주었다고 하셨습니다. 부모 입장에서는 안 좋은 것들은 멀리하게 하고 좋은 것만 보고 듣고 말하게 하면서 차근차근 키우고 싶은 마음인데 코로나19로 인해 예기치 못한 돌발상황에 아이가 미디어를 더 많이 접하게 된 것입니다.

사실 아이들도 뭔가 이상하고 잘못되었다는 것을 어느 정도는 압니다. 20년 가까이 아이들과 함께한 경험으로 저의 결론은, '아이들은 애기이기도 하면서 어른이기도 한 특별한 생명체'라는 것이죠.

저는 어머님에게 OO의 밝은 점을 먼저 봐주길 권유해보았습니다. 엄마의 제재를 의식해서 미디어 접촉을 하지 않는 것도 있지만, OO도 이상하다는 것을 알고 있기 때문에 엄마를 의식하는 것일 거라고 설명해드렸습니다. 제가 수업 때 보아도 OO는 충분히 사리분별을 잘하는 아이이니 그 점을 먼저 보시면 좋겠다고 말입니다.

아이들의 호기심, 궁금증이 폭발하는 시기에 미디어에 매몰되지 않게 하려면 다양하면서도 균형 잡힌 환경을 제공하는 것이 좋겠다는 말씀도 드렸습니다. 그래서 아이가 특정 미디어에 대해 어떻게 생각하는지 아이의 의견도 물어보고, 자칫 고정관념이나 편견에 빠질 우려가 있는 부분은 이야기를 통해 풀어 가면 좋겠다고 말이죠.

문제는 엄마 말을 잔소리로만 듣는 경향이 있으니 선생님인 저도 같이 이야기해 보겠다고 했습니다. "선생님도 같이 이야기하면 아이들에게 좀 더 진지하게 들리기도 하거든요."라고 말씀드리며 OO의 밝은 점을 먼저 보는 것을 바탕으로 차근차근 잡지나 책과 같은 다른 매체 쪽으로 호기심을 밝고 긍정적으로 표현·표출·표방할 수 있도록 유도해 보는 것은 어떨지 권유해 보았습니다.

이렇게 대화를 나누며 어머니의 마음이 조금씩 풀리면서 어머니도 아이의 상황을 보다 희망적으로 보게 되었습니다. 사실 이 문제는 모든 엄마들의 고민이기도 한데요. 아이에게 꾸준히 실천할 수 있는 방법론을 제시해 줄 필요가 있다는 데에 서로 공감하며 통화를 마쳤습니다.

자극적인 미디어가 범람하는 시대에 OO 어머니와 대화하면서 아이 교육에 있어 중요한 건 결국 아이를 있는 그대로 인정·존중·배려하는 것을 바탕으로 부모가 먼저 자기중심을 세우고 아이의 밝음을 먼저 볼 줄 아는 마음이라는 생각이 들었습니다.

늘 느끼는 거지만 변화는 작고 소소한 것부터 꾸준히 실천할 때 일어나는 듯합니다. 아이들의 작고 소소한 밝음부터 격려, 칭찬해 줄 수 있다면 보다 밝고, 맑고, 찬란하게 성장할 수 있지 않을까요?

 아이들을 보며 저도 희망과 긍정의 마음을 다시금 일으켜봅니다. 좌충우돌 시행착오를 거치겠지만 그러한 과정 속에서 아이들은 결국 자신만의 길을 잘 찾아갈 테니까요.

에피소드 9

모 아니면 도?

OO의 과제를 채점하면 항상 보이는 것이 있습니다. 답을 적은 문제는 모두 정답인데, 답을 적지 않은 문제들이 군데군데 보입니다. 아는 문제만 풀고 모르는 문제는 빈칸으로 비워두니 그런 것인데요. 자신 있고 해볼 만한 문제는 꼼꼼히 완벽하게 풀어내는 반면, 어렵고 부담스러워 보이는 문제는 아예 시도하지 않는 듯 보였습니다.

아이에게 완벽주의 성향이 있는 것 같아서 직접 물어보았는데요.

"완벽하게 풀려고 하다 보니 그런 건 아닐까?"

아이에게 물어보니 아이는 잘 모르겠다고 하네요.

OO의 학교 성적은 전교에서 상위 28% 정도입니다. 거의 7부 능선인 셈입니다. '이 7부 능선을 넘어서면 참 좋을 텐데...' '나는 한계를 넘어야 할 때 어떻게 했었지?' 생각해 보았습니다.

　　그러다 끝까지 포기하지 않고 시도하고 시도하며 뛰어넘었던 체득이 떠올라서 아이에게 사냥개 예시를 들며 이야기해 보았습니다.

　　"문제를 끝까지 물고 늘어져 보면 어때? 최대한 시도하고 시도해 보고 안 되면 찢어서라도 맞히겠다는 마음으로 도전해 보는 거야. 마치 사냥개처럼 말이지."

　　그리고 게임의 마지막 레벨에 등장하는 몬스터 얘기를 해주었습니다. 어려운 과제는 필살기를 써도 잘 죽지 않는 게임 속 끝판왕 같은 거라고요. 몬스터는 어차피 필살기를 써도 한 번에 죽지 않으니 기본 망치로라도 때리고 때리고 시도하고 시도해서 계속 물고 늘어져야 차츰차츰 해결될 수 있지 않냐고요.

　　OO도 공감하더니 앞으로는 작고 소소한 실천부터 해보기로 하였습니다.

"이 문제는 어려워서 아마 처음부터 쉽게 풀리지는 않을 거야. 그러니 안 되더라도 너무 실망하지 말고 다른 방법으로 또 시도해 보고 시도해 보자!"라고 말해주었습니다.

게임을 할 때 'Continue?'가 나오면 자연스레 다시 도전하게 되죠?

7부 능선을 넘는 방법은 무엇일까요? 바로 어려움을 있는 그대로 직시하고 인정해서 작고 소소한 것부터 꾸준히 실천해 나가며 차근차근 한 발짝씩 나아갈 때 뛰어넘을 수 있는 것 같습니다.

하지만 말이 쉽지 실제로 실천하기는 참 어렵습니다. 어른들도 어려운 걸 아이들이 해내기는 더 어렵겠죠. 그래서 그런지 아이들에게 말하다 보면 제 자신에게 말하는 것처럼 들리기도 합니다. 어쩌면 아이들만이 아닌 우리 모두의 이야기여서가 아닐까요.

에피소드 10

긍정 vs. 부정, 진짜 중요한 것은?

얼마 전 학부모인 어머니 한 분과 자녀 상담 관련해서 통화를 했는데요.

"코로나19로 많이 힘드시지 않나요?"

라고 여쭤보니 어머니는 오히려 "아이가 온라인 수업에 의외로 적응을 잘하는 모습도 보게 되고 학교를 다니기 싫어하던 아이가 다시 학교를 나가니 활기를 띠는 모습을 보는 등 아이들의 새로운 모습을 발견하게 되어 좋은 점도 있네요."라고 하시며 코로나로 힘들기도 하지만 집에서 아이들과 보내는 시간이 많아지면서 오히려 그간 아이들에 대해 몰랐던 점들을 새롭게 알아가는 좋은 시간이 되고 있다고 하셨습니다.

 어려운 환경 속에서도 아이들의 공부가 아닌 아이의 모습에 집중하시는 모습을 보고 저도 느낀 점이 참 많았습니다. 교육의 진정한 의미는 아이라는 존재 자체에서부터 시작하는 것이니까요.

 코로나19로 인한 여러 가지 힘겨움을 서로 얘기하던 도중 마지막에 하신 말씀은 더욱 와닿았는데요

 "부정적인 생각으로는 얻을 수 있는 게 없는 것 같아요!"

 긍정적인 마음이 좀 더 의지를 일으키고 좀 더 실천력을 높이며 열정을 일으킬 수 있는 바탕임을 새삼 느끼게 된 귀한 시간이 되었습니다.

 오히려 제가 상담을 받은 것 같아 감사한 시간이었네요.

에피소드 11

움찔하는 아이들을 보며

　아이들과 온라인 수업을 하면서 아이들 목소리에 힘이 없거나 지쳐 보이면 이렇게 물어보곤 합니다.

　"학교 온라인 수업을 듣고 또 이렇게 수업을 듣는 게 힘들지?"

　아이들이 열심히 푼 문제가 정답이 아니어서 실망할 때는 이렇게 얘기하곤 합니다.

　"잘했어! 풀이 과정을 보니 어떻게 푸는지 알았는데 계산 실수가 있었네~ 다음에 좀 더 집중해서 계산해 보자!"

숙제를 내 줄 때 아이가 문제가 많다고 부담스러워하면 가끔 이렇게도 얘기해 봅니다.

"다 안 풀어도 돼~ 풀 수 있는 만큼만 풀어오렴."

그럴 때 아이들이 공통적으로 하는 반응이 있습니다.

바로 어색해하거나 움찔하며 당황하는 모습을 보이는데요.

그런 모습을 볼 때마다 이런 생각이 들었습니다. '아! 아이들이 평소에 이런 말을 듣는 것에 익숙하지가 않구나!'

우리는 아이들을 '교육'할 때 반드시 그렇게 되어야 한다는 기준과 잣대를 가지고 아이들을 대하는 건 아닐까요?

"힘들어도 학생의 본분은 공부이므로 무조건 열심히 하는 게 당연한 거야!", "정답을 다 맞혀서 100점을 받아야지!", "주어진 문제는 반드시 다 풀어야 하는 거 아니니?"

물론 학생의 본분은 공부이므로 공부에 최선을 다해야 하고, 과정도 중요하지만 결과도 중요한 법이니 정답을 잘 맞히는 것도 중요하죠. 주어진 문제들은 반드시 다 풀어서 자신감과 성취감을 느껴보는 것도 중요하고요.

그런데 그러다 보니 우리는 아이들이 잘하고 있는 부분, 노력하고 있는 부분을 너무나 당연하게 생각하는 경향이 있는 건 아닐까요.

아이가 컴퓨터 앞에 앉아서 온라인 수업을 열심히 하려고 노력하는 것 자체가 감사한 일이고, 문제를 어떻게든 풀어 보려고 시도하는 것 자체가 훌륭한 일이며 반드시 다 풀지 않아도 어느 정도까지 해보려고 한 노력 자체가 이미 대단한 건데 말이죠.

오히려 공감하고 격려하는 말을 들은 이후에 아이들이 마음이 풀어지고 공부에 더 집중하며 스스로 할 수 있는 만큼 더 해보겠다고 얘기하는 모습들을 보며, 아이의 부족한 부분을 먼저 보기보다는 얼핏 당연하게 보이지만 잘하고 있는 '밝은 점'을 먼저 격려, 칭찬하는데 집중해 보면 어떨까 하는 생각이 듭니다.

에피소드11 움찔하는 아이들을 보며

결국, 부모 혹은 선생님이 정해놓은 기준에 아이를 맞추려 하기보다는 아이가 자신의 의지로 그 기준에 가까워질 수 있도록 여유와 넉넉함을 갖고 경청, 공감해 주면서 작고 소소한 것이라도 당연하게 생각하지 않고 격려, 칭찬해 주는 것이 아이가 자기 삶의 주인이 될 수 있게 하는 과정이 아닐까 싶습니다.

'당연한 걸 당연하게 받아들이지 않고 밝은 점을 먼저 보며 아무리 작고 소소한 부분이라도 격려하고 칭찬하는 것!'

저 자신부터 꾸준히 실천해 보려고 합니다.

에피소드 12

지구가 곧 학교!

최근 한 고등학생과 온라인 수업을 하면서 어려운 문제를 같이 풀게 되었는데요. 문제 풀이가 복잡하다 보니 이해하기가 어렵고 풀이 과정이 길다 보니 중간에 계산이 틀려 계속 다시 풀어야만 했습니다.

그런 과정에서 한 문제를 푸는데 시간이 많이 걸리자 힘들어하는 아이를 보고 얘기해 줬습니다.

"문제가 복잡하고 중간에 한 번만 실수해도 답이 틀려서 계속 다시 풀어야 하니 짜증 나고 힘들지 않니?"

그랬더니 그 학생의 대답이 참 인상적이었습니다.

"그래도 인내심을 키울 수 있는 것 같아요."

어렵고 힘든 상황에서도 자신의 환경을 밝고 긍정적으로 바라보고 배울 점을 찾는 모습이 참 멋지다는 생각이 들었습니다.

아이의 그러한 마음과 마음가짐이 자신의 공부를 학교 공부나 수학 문제에 국한시키지 않고 자신의 삶 전체로 더 크게 바라볼 수 있게 준 것 같습니다.

OO 고등학교라는 울타리를 넘어 지구학교라는 보다 더 큰 울타리 속에 있는 자신을 바라보며 공부하고 있는 학생이 참 대단하지 않나요?

에피소드 13

세상에 이런 일이?

"오늘도 감사일기를 쓰고 시작해 볼까?"

아이들이 일상 속 당연한 것들에 대해 감사하는 마음을 갖는 밝은 습관을 형성하면 좋겠다는 바람으로 온라인 수업을 시작하기 전에 항상 감사일기를 쓰도록 얘기해주고 있습니다.

덕분에 저도 매일 감사일기를 쓰고 있는데요.

처음에는 매 수업마다 뭘 써야 할지 막막해하던 아이들이 차차 적응이 되어 요즘은 알아서 잘 쓰고 있습니다.

그러던 어느 날 무뚝뚝한 성격의 한 아이에게 "오늘은 어떤 감사일기를 썼니?"라고 물어보았습니다.

"오늘이 학교 개교기념일이어서 감사하다고 썼어요. 그러고 보니 학교에 감사한 적이 한 번도 없었는데 학교에 감사한 일도 생기고 이런 날도 있네요?"

아이의 무심한 듯 진솔하게 내뱉는 말에 왠지 모를 잔잔한 감동이 일어났습니다.

우리가 당연히 생각하는 일상 속에서 감사함을 하나씩 찾아 간다는 건 행복한 삶을 살아가는 데 있어 매우 중요한 요소가 아닐까 싶습니다.

'하루 한 문장!'

작고 소소한 것부터 자신에게 감사하고, 주변에 감사하며 범사에 감사하는 밝은 습관을 같이 함께 더불어 만들어 가 보면 어떨까요?

에피소드 14

자기다움

한 달에 한 번씩 온라인으로 정기 학부모 상담을 진행하고 있는데요.

얼마 전, 한 어머니께서 이런 얘기를 하셨습니다.

"우리 아이는 학교에 가거나 다른 학원에 가면 말도 잘 안 하고 조용히 수업만 듣는다는 얘기를 많이 들었는데요. 이상하게 선생님이랑 하는 온라인 수업에서는 소리 내어 웃는 경우도 많고 시끌벅적한 소리도 내면서 집에서 보는 진짜 아이 모습이 나오는 것 같아요. 그런 모습이 자연스러워 보이고 편안해 보여서 안심이 많이 된답니다."

어머니 얘기에 절로 흐뭇해지고 보람도 느껴져서 저도 참 좋았는데요.

아이가 공부에 관심을 갖고 스스로 열심히 하게끔 돕고 싶은 부모의 마음도 결국은 공부라는 방편을 통해 아이가 즐겁고 편안하고 행복한 삶을 살았으면 하는 바람에서 비롯된 거겠죠.

그런 관점에서 우리 '과정'에 집중해보면 어떨까요?

먼저 공부가 아닌 아이 자체에 관심을 갖는 데서 시작하면 좋을 것 같은데요. 그러려면 아이가 이래야 한다는 고정관념과 성적이라는 결과에 매달리는 학부모 자신의 마음을 직시하며 그 마음을 내려놓는 게 중요하다고 봅니다.

먼저, 아이가 관심 있어 하는 것에 같이 관심을 가져주며 아무리 쓸데없는 얘기를 하더라도 경청해 주고 아이가 자신의 다양한 모습을 표현·표출·표방하며 자신을 알아가게끔 시간을 줄 필요가 있습니다.

그렇게 되면 아이가 단 10분을 공부하더라도 좀 더 즐겁게 하게 됩니다.

그런데 막상 실천하려고 해도 그게 참 어렵죠.

'급할수록 돌아가라'라는 말이 있지만 사실 말처럼 그리 쉽지가 않습니다. 어른의 관점에서는 변화가 더디 보이는 아이의 모습이 안타깝고 답답한 순간들이 많으니까요.

이럴 때 아이가 자기다워지는 과정을 스스로 온전히 경험할 수 있도록 기다려주기 위해 가장 필요한 건 바로 '**여유와 넉넉함!** 그리고 **즐거운 인내와 충만한 끈기!**'가 아닐까 싶습니다.

여유와 넉넉함으로 일상에서 한 번 더 즐거운 인내와 충만한 끈기를 발휘하다 보면 아이들은 보다 넓은 울타리 안에서 자신을 마음껏 발산하는 과정을 통해 자기다워지며 절로 행복한 삶을 살아갈 수 있으리라 믿습니다.

에피소드 15

주변에서
선행 학습을 해야 한다는데…

얼마 전 한 어머니와 자녀 상담을 했습니다.

"주변 엄마들과 얘기하다 보면 아이가 중 1일 때 중 3이나 고등과정까지 선행 학습을 하기도 한다는데 그런 얘기를 들으면 또 많이 걱정되기도 해요."

그래서 제가 이렇게 얘기했는데요.

"선행 학습을 더 시키고 싶으시면 다른 곳으로 보내셔도 됩니다!"

너무 단호하게 얘기했는지 어머니께서 약간 당황하시는 듯해서 차근차근 대화를 이어 나갔습니다.

진짜 중요한 건, 아이가 스트레스받지 않고 즐겁게 공부하면서 체계·논리·합리적으로 자기 삶의 문제를 해결할 수 있는 문제 해결 역량을 키워 나가는 것이라고요.

문제를 많이 풀고 선행 학습을 하면 당장의 성적에는 도움이 되겠지만 아이가 주체·주도·자율적으로 공부하며 균형 있게 성장하는 데에는 별 도움이 안 될 거라고요.

반드시 선행 학습을 해야만, 혹은 문제를 많이 풀어야만 공부를 잘할 수 있는 것은 아니라는 점, 기본기를 잘 다져 나가면서 현재 진도에서 원리를 중심으로 개념을 이해하고 응용문제에 대해 깊이 고민하며 문제 해결력을 키워나가는 방법으로도 공부를 충분히 잘할 수 있다는 점을 믿고 가 보시면 어떨지 말씀을 드렸습니다.

"주변 어머니들 얘기에 또 불안해진 것 같아요. 선생님 얘기를 들으니 학부모로서 스스로 더 배워야겠다는 생각이 듭니다. 그렇지 않아도 아이 아빠가 지금 선생님께 듣는 수업이 어떠냐고 아이에게 물어 보니, 선생님도 좋고 수학 공식을 외우라고 강요하지 않고 공식을 외우지 않고도 풀 수 있게 원리를 알려주셔서 좋다고 했대요. 앞으로도 잘 부탁드려요.^^"

"늘 걱정되시고 불안하실 텐데 저야말로 믿고 맡겨주셔서 감사합니다."

선행 학습도 진정으로 아이의 행복을 바라는 부모의 사랑에서 비롯되었을 것입니다. 그런데 성적이라는 지표만으로 아이를 평가하는 교육 시스템에서 처음의 순수했던 마음을 유지하기란 참 어렵습니다.

경쟁을 바탕으로 한 상대평가 중심의 교육평가 제도로 인해 우리 아이를 남과 자꾸 비교하게 되고, 우리 아이가 남보다 뒤처질까 두렵고 불안한 마음에서 결국 선행학습을 찾게 되는 것이 안타까운 현실이죠. 학원들도 그러한 불안감을 조장하여 홍보를 하고 마케팅을 하고 있고요. 더 큰 문제는 어른들의 불안감과 두려움이 아이들에게도 고스란히 전달된다는 것입니다. 결과 중심, 경쟁 중심의 교육이 20여 년 전이나 지금이나 크게 달라지지 않은 현실에 답답함이 일어나고, 모두가 이건 아니라고 생각하면서도 이 굴레에서 벗어나지 못하는 모습이 늘 안타깝습니다.

그럼에도 불구하고, 참된 교육이란 '현재에 집중하고 과정에 충실하며 지금 단계의 공부를 크고 깊고 넓게 배우며 균형 있게 성장하도록 돕는 것!', '천자문을 외우는 게 아닌 만자문을 깨우치게 하여 공부가 자신의 삶의 문제와 연결되게끔 하는 것!', '그리하여 공부를 통해 자기 자신이 자기 삶의 주인이 되도록 하는 것!'이라는 자기확신과 자기믿음으로 오늘도 한 걸음 한 걸음 차근차근 나아가 보고자 합니다.

지금은 느리게 보이고 언제 올까 싶을 때도 있지만 언젠가는 자신이 자기 삶의 주인이 되어 즐겁고 신명 나게 공부하며 자존·창조·조화로워지게 하는 섭리적인 교육이 보편화·일반화·평범화되는 시기가 올 거라고 믿으니까요.

지금부터라도 불안함과 두려움의 굴레에서 벗어나 자신과 아이를 믿고 한 걸음, 한 걸음 나아가 보는 것은 어떨까요?

에피소드 16

아이는 자신의 거울

일주일에 세 차례 정도는 모든 수업을 마치고 나서 선생님들과 온라인으로 교류·공감·소통하는 시간을 갖고 있는데요.

한 선생님이 이런 얘기를 하였습니다.

"수업 시간에 공부하는 것 자체를 힘들어하는 아이가 있는데요. 오늘은 평소보다 쉬운 문제를 주고 아이가 잘 풀 때마다 칭찬을 해주었습니다. 그런데 놀랍게도 그다음부터 아이가 수업을 밝고 즐겁게 참여하는 모습을 보고 참 신기했습니다. 그런 아이의 모습을 보자 그간 제 자신을 너무 엄격한 잣대로 평가하며 자기 자신을 격려하고 칭찬하는 데 인색했다는 점을 직시하게 되었습니다. 제가 자신에게 좀 더 여유와 넉넉함을 가지고 자신을 인정·존중·배려해 주면 아이들에게도 자연스럽게 그렇게 대할 수 있을 거라는 믿음이 생겨 참 좋았습니다."

선생님의 진솔한 이야기가 참으로 감동적으로 다가왔는데요. 모든 건 결국 자기 자신에게서 시작됨을, 자신을 아끼고 사랑하면 주변도 아끼고 사랑하는 일이 자연스러워질 수 있음을 서로가 공감하는 시간이 되었습니다.

아이가 선생님의 거울이 되고 선생님이 아이의 거울이 되며 선생님도 아이도 같이 함께 더불어 성장해 나가는 쌍방향의 교류·공감·소통이 모두가 행복해질 수 있는 참된 교육의 바탕이 아닐까 싶습니다.

에피소드 17

그 누구도 늦게 피는 꽃을 탓하지 않듯이

정확히 기억은 안 나는데 아마도 대학원 시절이었다고 봅니다. 당시 가장 힘들었던 건 바로 불확실한 미래였는데요.

어떤 친구는 취업을 해서 자리를 잡아가고 어떤 친구는 연구가 잘 되어 해외의 유명한 학교로 유학을 가는 모습들을 보면서, 내가 하고 싶은 공부를 즐겁게 하고 있긴 했지만 여러 가지로 고민이 많았습니다.

'나는 언제쯤 잘 될까?', '언제쯤 나도 안정적인 삶을 살 수 있을까?'

불확실한 미래가 주는 불안함으로 인해 자꾸 자신을 남과 비교하거나 자신의 처지를 답답해했습니다.

그러다 어느 해 명절날 성묘를 하러 갔다가 우연히 들판에 피어있는 꽃들을 바라보며 깨우침이 일어났던 기억이 나네요.

'같은 꽃인데 어느 꽃은 일찍 피고 어느 꽃은 아직 피지도 않았네! 나도 어쩌면 늦게 피는 꽃일지도 모르지.'

서로 다른 꽃들이 한꺼번에 피는 것보다 각자 다르게 피는 게 훨씬 자연스러워 보였고 오히려 조금씩 다른 꽃 모양이 어우러져 전체적으로 더 아름다워 보이기도 했습니다. 그 누구도 늦게 피는 꽃을 탓하지 않듯이, 사람마다 출발선이 다르고 걸어가는 속도나 과정이 다른 게 당연하다는 생각이 들자 마음에 크게 위안이 되었습니다.

지금도 아이들을 가르치고 자신만의 길을 걸어가는 과정에서 자꾸 느린 자신을, 느린 학생을 재촉하거나 탓하고 있지는 않은지 돌아보게 되는데요.

'불비타인(不比他人)! - 나와 다른 사람을 비교하지 말라!'

　나 자신이 세상에 하나뿐이고 누구와도 비교할 수 없는 존귀한 존재임을 깨우치게 된다면 자연스럽게 주변과 비교하지 않게 되고 주변 존재들도 자신을 대하듯 귀하게 대할 수 있어 들판에 다채롭게 피는 꽃처럼 조화로운 세상이 되지 않을까 싶습니다.

　자연의 섭리 속 들판에 핀 꽃의 모습이 결국엔 자기사랑과 연결된다는 점이 새삼 새롭게 느껴지네요.

에피소드17 그 누구도 늦게 피는 꽃을 탓하지 않듯이

에피소드 18

맞으면 좋고 틀리면 안 좋은 게 당연한 걸까?

얼마 전 학부모 상담 때 한 어머니께서 이렇게 얘기하셨습니다.

"우리 아이는 어려운 문제를 풀면 기분이 안 좋아지는 것 같아요. 얼마 전, 수업 후에 기분이 안 좋아 보여 아이에게 이유를 물어보니 그날 유난히 어려운 문제가 많았다고 하더라고요."

자신이 푸는 문제가 가급적 쉽기를 바라고 풀이가 늘 정답이길 바라는 건 모든 학생들의 공통된 마음일 것입니다. 실제로 대부분의 아이들은 학교 공부를 할 때 정답을 맞히면 성취감을 느끼고 기분이 좋지만, 문제를 틀리거나 풀지 못하면 답답해하거나 스트레스를 받는데요. 특히나 승부욕이 강하고 항상 이기고 싶어 하는 성향을 가진 OO 학생이라면 문제를 풀지 못했을 때 더더욱 기분이 안 좋았을 것 같네요.

그러고 보니 제 자신도 아이와 정도의 차이만 있을 뿐 비슷한 면이 있는데요. 항상 일이 잘되기만을 바라며 과정상의 사건 하나하나에 일희일비했던 자신의 모습을 아이를 통해 돌아보게 되는데요.

성공과 실패라는 과정이 쌓이고 모이고 응집되어 결국 결과가 만들어지는 것임을 알면서도, 실패하면 좌절하고 자책부터 하게 되는 건 마음이 과정보다는 결과에 가 있어서일 것입니다. 그런데 결과에 마음이 가 있게 되면 과정이 순탄할 때는 모든 게 잘 될 것 같고 성공에 대한 희망과 긍정이 샘솟는데 반해, 과정에서 어려움을 겪으면 실패에 대한 두려움과 불안감이 일어나서 더 힘들어집니다. 불안하니까 조급해지고 더욱 일희일비하게 되는 것이죠.

아이 역시 어려운 문제를 실력이 향상되어 가는 자양분으로 여기기 보다는 결과에 더 마음이 가 있는 상태에서 매번 결과를 자신의 성공과 연결 짓다 보니 그 과정이 더 힘들게 느껴지는 것이 아닐까요.

'이것도 못 풀다니 내 실력이 이거밖에 안 되나 봐! 이러다 뒤처지는 게 아닐까? 성공할 수 있을까?'

결국, 기대되는 결과에 마음이 먼저 가 있으니 그렇지 못한 지금의 자신이 더 크게 다가와 스스로 더 힘든 것입니다.

결과는 순간이고 과정은 길고 긴 여정인데 어렵겠지만 우리가 그 과정을 좀 더 즐길 수 있다면 얼마나 좋을까요? 그러기 위해서는 틀리면 힘들고 실패하면 괴롭다는 고정관념과 편견부터 깨는 것이 중요합니다. 틀리고 실패해도 자신에게 좋은 자양분이 될 거라 스스로 믿고 과정을 좀 더 즐겁게 시도해 보는 거죠. 비유를 하면, 똑같이 침을 맞더라도 한의원에서 내 몸에 도움이 된다고 믿고 맞을 때 덜 아프고 덜 힘들 듯이 말이죠.

저도 아이도 맞으면 좋고 틀리면 나쁘다는 이분법적 사고를 떨쳐내고 과정을 즐기는 삶이 된다면, 우리가 같이 함께 더불어 그러한 교육환경을 만들어 나간다면 참 좋겠습니다. 게임할 때 'Game over'라는 화면이 떠도 즐겁게 다시 도전하듯이 말이죠!

에피소드 19

할아버지 될 때까지
안 먹을래요~

최근 방학을 맞이하여 오랜만에 온라인으로 요리 수업을 진행했습니다.

가래떡구이를 만들면서 숫자 1에 대해 얘기해보고 숫자 1의 의미를 통해 자기 자신이 누구보다 소중하다는 것을 느껴보는 시간을 가졌는데요.

"지금 이 시간에 여러분 각자가 이렇게 만든 가래떡은 세상에서 하나밖에 없는 정말 소중한 가래떡이네요~"

자기가 직접 구워 만든 가래떡을 먹어보며 아이들과 서로 얘기하는 시간도 가졌는데요. 아이들이 하는 이야기가 새삼 감동으로 다가왔습니다.

"저는 할아버지 될 때까지 안 먹을 거예요."

작고 소소해 보이지만 자신이 만든 가래떡이 고유한 숫자 '1'임을 깨닫고 그 소중함을 체득해 가는 과정에서 나오는 얘기라 감동적이었습니다.

자기가 직접 만든 가래떡 하나도 세상에 하나뿐이라고 생각하니 이렇게 귀한데 자기 자신은 얼마나 귀하고 소중한 존재일까요.

너무 소중해서 먹지 못하고 그냥 바라만 봐도 좋은 나만의 가래떡을 보듯이 자기 자신도 귀하게 여기고 아끼고 사랑할 수 있는 하루하루가 되면 참 좋겠습니다.

에피소드 20

이거 꼭 해야 돼요?

아이들과 수업을 하며 무언가를 하라고 할 때 자주 듣는 말이 있습니다.

"선생님! 이거 꼭 해야 돼요?"

그런 말을 들을 때마다 항상 **무언가를 반드시 해야만 하는 교육 환경**이 얼마나 답답하면 그럴까 싶으면서도 늘 안 해도 되는지부터 확인하려는 아이들이 안타까울 때가 많습니다.

"하기 싫으면 안 해도 돼."

라고 얘기하면 처음엔 오히려 당황스러워하고 정말 안 해도 된다고 하니 실제로 안 하는 경우도 많았는데요. 하지만 시간이 지날수록 아이들이 먼저 스스로 해보고 싶다고 얘기하는 경우를 차츰 경험하면서 참된 교육이란 무엇인가에 대해 다시 한번 성찰, 탐구해 봅니다.

어쩌면 어른들이 좀 더 아이들을 믿고 기다려주며 아이 스스로 결정할 수 있게 여지를 주면 결국 의지를 내어 스스로 할 텐데, 아이가 뒤처질까 불안하고 두려워서 아이들에게 자유의지를 충분히 발휘할 수 있는 기회를 주지 못하는 건 아닐까 싶은데요.

"한번 해 볼게요."
"조금만 더 고민해 보겠습니다."

아이들이 나중에 하게 된 위의 얘기들이 더욱 감동적으로 들리는 건 결국 우리 모두 아이가 스스로의 판단·선택·결정으로 자기 삶의 수인이 되어가는 모습을 보고 싶기 때문일 것입니다.

아이가 자기 삶의 주인으로서 자신의 길을 스스로 개척해 나가도

에피소드20 이거 꼭 해야 돼요?

록 가이드해 주는 것이 교육의 기본이 되는 시대가 오도록 즐거운 인내와 충만한 끈기를 발휘하여 앞으로도 꾸준히 아이들과 같이 함께 더불어 해보려고 합니다.

에피소드 21

아이의 입에서 나온 의외의 공부법

얼마 전 중학생인 한 아이가 수업 중에 저에게 물었습니다.

"선생님, 독기 공부법이라고 아세요?"

"독기 공부법? 그게 뭐니?"

"스스로 자기한테 스트레스, 압박감을 주고 불안해하면서 공부하는 방법인데요. 저는 그렇게 해야만 숙제를 하거나 공부를 하게 되더라고요."

"음... 돌이켜 보니 나도 학창 시절에 그렇게 공부했는데 지금 생각해보면 그게 그렇게 좋은 방법은 아니었던 것 같아. 몸도 많이 상하고 마음도 늘 불안할 텐데 심신 건강에 결코 좋지 않은 공부법인 것 같구나."

"맞아요!"

아이와 그렇게 소통하며 지난날을 돌아보니 어린 시절부터 대학원 시절까지 공부하는 과정에서 늘 스스로 불안해하고 스트레스를 받으며 그걸 동기 삼아 공부했던 기억이 떠올랐습니다. '시험을 못 보면 어떡하지?', '부모님께 혼나면 어떡하지?', '발표를 잘해야 하는데 못하면 어떡하지?', '불합격하면 어떡하지?'

돌이켜 보면, 일을 미루고 미루다가 마감시한이 다가올수록 걱정과 불안함이 점점 더 커져서 더 이상 미룰 수 없을 때에야 높은 집중력을 발휘하여 자신을 혹사시켰던 것 같습니다. 공부든 일이든 그런 습관은 잘하고자 하는 마음이 커서, 과정보다는 결과에 마음이 가 있어서 그리고 남에게 인정받고 싶은 마음이 커서였음을 성찰, 탐구하게 되었습니다.

에피소드21 아이의 입에서 나온 의외의 공부법

결국, 잘하고자 하는 마음을 내려놓고 결과보다는 과정에 집중하는 것!, 남에게 인정받는 것이 아닌 스스로가 자기 자신을 인정·존중·배려해주는 데서부터 만족감과 행복을 찾는 것! 그것이 진정으로 자기 자신을 아끼고 사랑하는 것임을 다시 한번 일깨우며 독기 공부법이 아닌 자기사랑을 바탕으로 한 자기사랑 공부법이 아이들에게도 차근차근 전해지기를 바랍니다.

에피소드 22

하루만 더 쉬고 싶어요!

"월요일이라 너무 힘들어요."

"월화수목금토일이 아니라 월화수목금퇼이에요. 주말이 왜 이렇게 빨리 가죠?"

주말이 끝난 다음 날인 월요일에 아이들이 제게 자주 하는 말입니다.

어떤 아이는 이렇게 얘기합니다.

"일주일을 7일이 아닌 8일로 늘리고 하루를 더 쉬어야 한다니까요!"

"그러면 언제 하루를 더 쉬고 싶은데?"라고 물으니

"당연히 일요일 다음 날 하루 더 쉬어야죠! 그러면 월화수목금토일 일이 되어서 3일 쉬잖아요. 그 정도는 쉬어야 쉬는 거죠~."라고 합니다.

다른 아이는 월화일목금토일 이 좋다고 했는데요. 그 이유를 물으니 아이가 이렇게 얘기했습니다.

"월요일은 일요일 휴일 다음 날이라 좋고!"
"화요일은 다음날 휴일 전날이라 좋고!"
"목요일은 또 휴일 다음 날이라 좋고!"
"금요일은 또 토요일 휴일 전날이라 좋고!"
"이러면 다 좋잖아요!"

참 긍정적이라고 생각하면서도 '아이들을 이렇게 힘들게 하는 교육 환경이 과연 당연한 걸까?'라는 의문이 들었습니다.

놀 때는 실컷 놀면서 때론 자기가 좋아하는 무언가에 미친 듯이 몰두도 해보고, 또 공부할 때는 재미가 없어도 끈기 있게 해보는 다양한 경험이 아이들에게 필요할 텐데 말이죠.

아이가 자신을 알아가며 자기다운 삶을 살게끔 하는 것이 교육에 있어 참 중요한 목표라는 생각을 늘 하는데요.

앞으로는 아이들이 참된 자기 자신을 찾아갈 수 있도록 다양한 경험을 제공하면서 자존감과 창조력과 조화력을 키워주는 것에 교육의 본보을 두었으면 좋겠습니다.

아이들이 즐겁고 신명나게 자기만의 길을 찾아갈 수 있도록 울타리를 좀 더 넓게 쳐주고 그 안에서 마음껏 뛰어놀 수 있게 해주기를 바라며 오늘도 한 걸음 한 걸음 그 길을 향해 나아가 봅니다.

에피소드 23

저는 파프리카
안 좋아하는데요.

"선생님 저는 버섯 안 좋아해요."

"토마토는 빼면 안 되나요?"

"저는 파프리카는 안 좋아하는데요."

아이들과 요리로 밝아지는 수학 수업을 하다 보면 자주 듣는 얘기입니다.

"그러니? 정말 싫다면 어쩔 수 없지만 그래도 레시피대로 하면 맛있으니까 한번 넣어서 요리해 보자!"

에피소드23 저는 파프리카 안 좋아하는데요.

그러면 대부분의 아이들은 수긍하거나 아니면 조금 더 고집을 부리다가 결국은 레시피대로 요리를 합니다.

요리가 완성되어 아이들이 먹는 모습을 보면, 아까 파프리카는 싫다고 했던, 버섯이 싫다고 했던, 토마토는 빼도 되냐고 했던 그 아이들이 맞나 싶을 정도로 자기가 만든 음식을 잘 먹는데요.

그 모습을 보며 '왜 그럴까'에 대해 곰곰이 생각해 보았습니다.

엄마가 해 준 음식을 먹거나 이미 조리된 음식을 먹을 때보다 자기가 직접 만든 요리를 먹을 때 싫어하는 재료까지 맛있어지는 마법 같은 일은 아이들이 결국 자신을 위해 정성을 들이고 노력해서 얻은 결실이라서 더 귀하고 가치 있게 느끼는 것은 아닐까 싶습니다.

자신에게 정성을 들이고 노력을 통해 결실을 맺는 요리의 과정과 결과 속에 자기사랑이 담겨 있었네요.

에피소드 24

체득한 만큼 나누는 행복

얼마 전에 한 학생으로부터 반가운 연락을 받았습니다.

대략 7년 전쯤, 제가 방학 때마다 멘토로 자원봉사 하던 캠프에서 만난 아이였는데요.

당시 초등학생이었던 아이가 **"선생님, 보고 싶어요~"** 라고 연락해 준 것만으로도 기쁘고 즐거웠습니다.

근황을 물어보니 재수하면서 수능 준비를 다시 하고 있었는데요. (연락 당시는 수능 며칠 전)

　아이가 재수를 하고 있다고 하니 과거 1년간 재수했었던 경험이 떠올라 자연스럽게 공감대가 형성되었습니다. 재수 시절 가장 크게 자리 잡았던 감정이 '잘될까?'라는 불안함과 '잘해야 하는데'라는 부담감이었던 기억이 떠올라 아이에게 그런 마음을 어떻게 극복했는지 저의 체득을 자연스럽게 얘기하게 됐습니다.

"지금까지 들었던 말 중에서 가장 와 닿고 힘이 돼요."

체득을 바탕으로 얘기해서인지 가장 힘이 되는 말이라며 아이가 좋아했는데요. 그 말에 선생님으로서 보람을 느끼는 동시에 지난 과거의 힘겨웠던 경험들이 좋은 선생님이 되는 자양분이었음을 다시 한번 깨달았습니다.

지구라는 학교에서 밝아지는 공부를 하며 겪는 모든 힘겨움을 자양분 삼아 성장해 나가며, 자신이 성장한 만큼 아이들에게 체득한 만큼의 빛과 힘, 가치를 나투고 밝히고 나누는 선생님을 하고 있는 '나 자신이 참 좋다!'라고 느낀 시간이었습니다.

밝아지는 수학으로 자존·창조·조화로워지는
부모, 아이 그리고 선생님 이야기

2.
창조편

에피소드 25

사칙연산 하나로 생긴 변화

"**수학? 극혐이에요!**" (극혐: 극도로 혐오한다는 신조어)

'얼마나 싫으면 저런 말까지 할까?' 싶었던 한 아이가 있었습니다.

사칙연산이 귀찮고 하기 싫다는 아이에게 맨 처음 내밀었던 건 바로 아래 문제였습니다.

"**2+4=?**"

좀 황당할 수도 있지만 자신이 이미 사칙연산을 잘하고 있다는 것을 인식하게 하고 싶었죠. 지루하지만 반복적으로 연습해야 하는 사칙연산을 꾸준히 하도록 돕기 위해 아주 쉽고 간단한 문제부터 반복해서 풀도록 했습니다.

매일 아침마다 꾸준히 조깅을 하듯 문제를 날마다 조금씩이라도 풀어보자고 다독이기도 했고요. 아이가 지겨워할 때면 게임처럼 제한 시간 안에 풀어 보는 미션도 주면서 작고 소소한 성취감을 쌓아가며 사칙연산 연습을 꾸준하게 할 수 있도록 했습니다.

그렇게 1년이 지나고 외부 행사를 기획할 때 그 아이에게 자원봉사 역할을 주었는데 바로 다른 아이들이 오면 사칙연산 대결 이벤트를 진행하는 거였습니다.

"한번 해 볼래?"

"해 볼게요!"

처음 섭리수학에 왔을 때만 해도 사칙연산을 그렇게 싫어했던 아이가, 이제는 흔쾌히 수학문제 풀이를 하는 자원봉사 역할을 하겠다고 하고 실제 행사 때 아이가 다른 사람들과 어울려 사칙연산을 즐기는 모습에 크게 감동하였는데요. 아이 스스로가 사칙연산을 자신 있어 하게 된 모습을 지켜보며 그러한 사실이 기적처럼 다가왔습니다.

　작고 소소한 당연한 것부터 성취감을 느끼며 꾸준히 노력하다 보면 결국엔 된다는 믿음을 갖게 해 준 아이에게 고맙고 감사한 마음을 전합니다.

에피소드 26

아이가
수학과 친해지려면?

최근, 이제 중학생이 된 OO와 온라인 수업을 하려고 메신저를 보는데 그날따라 아이의 메신저 프로필이 눈에 들어왔습니다.

 내가 *** 일 확률 0%~100%

'자기 자신일 확률이 0%에서 100%까지 변한다고?'

생각 자체가 흥미롭기도 하고 OO의 생각이 궁금해져서 수업 시작 전 아이에게 물었습니다.

"그럼 지금은 너일 확률이 몇 퍼센트야?"

"지금은 100%에요."

(오호라!) "그럼 100%가 아닐 때도 있어?"

"가끔 0%도 되고 50%도 돼요."

(이유가 궁금) "그럼 어떨 때 0%고 50%야?"

"제가 0%일 때는 동생이 핸드폰을 가져갔을 때고요, 50%일 때는 동생이랑 같이 핸드폰으로 게임할 때예요."

"재미있는 생각인데?"

OO을 오래 지켜봐 온 선생님으로서 아이의 이런 대화 자체가 참 놀라웠습니다. 불과 1~2년 전만 해도 OO은 수학 공부를 너무 싫어하고 수학 문제를 풀기 귀찮아해서 애를 많이 먹었거든요.

그래서 차근차근, 천천히 접근한다는 마음으로 OO의 자유의지를 충분히 인정하고 존중하고 배려해 왔는데요. 과제는 스스로 하고 싶은 만큼만 하도록 하고 풀이 쓰기가 귀찮아 암산으로 풀다 보니 자꾸 실수를 하더라도 암산 능력이 뛰어나다는 밝은 점을 칭찬해 주면서 기다려 주었습니다.

수학 문제가 풀기 귀찮아서 수학과 멀어졌던 아이가 이제는 자신의 메신저 프로필에 수학의 확률 개념까지 써먹을 정도로 수학에 마음이 열린 건가 싶어서 기분이 참 좋았습니다.

 수학이 아이들의 삶 속에 자연스레 스며들 수 있도록, 아이가 수학을 자유자재로 활용할 수 있도록 선생님으로서 더욱 꾸준히 밝은 정성과 노력을 경주해야겠습니다. 자기 삶의 주인이 바로 자기 자신이 되도록 말이죠!

에피소드 27

공부를 하는 진짜 이유
- 꿈, 희망, 긍정, 열정

OO은 그림 그리는 걸 좋아합니다.

특히 캐릭터 그리는 것을 좋아하기에 섭리수학의 '어흥이' 캐릭터를 좀 더 다양한 표정으로 몇 가지 그려 달라고 부탁해 보았는데요.

이렇게 그려서 보내주었습니다. 좋아하는 일을 하는 아이의 즐거움이 담겨있는 듯해서 보기만 해도 흐뭇했고요. 무엇보다도 아이가 조금씩 자신의 꿈을 키워나가는 모습이 참 좋아 보였습니다(OO은 그림과 디자인 쪽에 관심이 많아 진로도 그쪽으로 생각하고 있어요).

그림을 보여주며 OO은 저에게 이렇게 물었습니다.

"선생님~ 눈썹이 두꺼운 게 좋을까요? 아니면 가느다란 게 좋을까요?"

아이가 흥을 일으키는 모습에 저도 덩달아 흥이 나는 시간이었는데요. 잠시 후에는 이 그림을 보내왔습니다.

처음에는 '어느 화가의 작품이 맘에 들어서 보냈나?'라고 생각했는데요. 아이에게 물어보니 유튜브를 보고 한번 따라 그려봤다고 해서 깜짝 놀랐습니다.

그림이 참 좋다고 격려와 칭찬을 해주니 앞으로는 자신만의 생각을 담아 새로운 걸 그려 보겠다고 열정을 보여줘서 한 번 더 감동했습니다.

아이의 꿈이 희망이 되고 긍정이 되고 열정이 되어가는 것을 격려하고 칭찬해 주며 "나중에 너만의 작품을 그리게 되면 내가 사서 강의실 벽에 걸어두고 싶은데?"라고 얘기하니 아이가 묻습니다.

"어떤 그림을 원하세요?"

그때 나도 모르게 이런 말이 불쑥 튀어나왔는데요.

"그림을 산다는 건 그걸 그린 화가의 마음을 사는 게 아닐까? 그러니 네가 하고 싶은 걸 마음껏 해 보렴!"

말하고 나니 왠지 쑥스러웠지만 멋지게 말한 기분이 들어 저도 신이 나고 덕분에 아이도 더욱 자신감을 갖게 되었던 즐거운 시간이었습니다.

학창 시절에 공부를 하는 건 결국 자신의 꿈, 희망, 긍정, 열정을 키워가기 위해서라고 생각하는데요. 그러한 과정에서 스스로가 자신을 알아가는 것이 진짜 살아있는 공부가 아닐까 합니다.

앞으로 더 성장해 나갈 아이의 모습이 기대되네요.

에피소드 28

선생님이 제 마음을 어떻게 아시나요?

"선생님은 공부를 잘하셨을 텐데 어떻게 공부 못하는 제 마음을 이해하실 수 있겠어요?"

아이들이 이렇게 물어보면 사실 할 말이 없을 때가 많습니다.

사실 중고등학교 때는 수학이 재미있었고 공부가 힘들긴 했지만 너무 못해서 좌절감이 든 적은 없었거든요.

그런데 대학에 와서는 나름 공부를 했는데도 생애 최초로 시험 점수를 '0'점을 받아 좌절하기도 했고 전공과목 시간에 교수님의 설명이 하나도 이해가 안 되어 몹시 답답하고 괴로운 적도 있었습니다. 또한 전공 시험을 보는 데 아는 문제가 없어서 가장 먼저 시험지를 내고 나가며 창피함과 좌절감이 든 적도 있었고요. 그제서야 공부를 못한다는 기분, 뒤처진다는 기분이 무엇인지 조금이나마 알 것 같았는데요.

그러한 경험이 지금 아이들의 수학 공부를 봐주면서 역지사지하는 데 제법 도움이 됩니다.

학창 시절보다 더 힘들던 대학 시절, 과연 졸업을 할 수 있을까라는 생각마저 들 때 한 교수님께서 해주신 이야기가 있었습니다.

"지금의 환경이 괴롭고 힘들어 자신의 길이 아니다 싶어도 주어진 환경에 최선을 다할 필요가 있습니다. 지금의 시기는 지나가면 다시 돌아오지 않을 텐데 환경을 탓하기보다 하나라도 더 배우고 끝까지 최선을 다하다 보면 나중에 자신이 하고 싶은 일을 할 때 반드시 도움이 되거든요."

당시 그 이야기에 크게 공감하여 목표를 포기하거나 어려움을 회피하지 않고 조금 더 힘을 낼 수 있었는데요.

물론 아니라고 생각이 들 때 호연지기를 일으켜 당당히 다른 길을 찾는 것도 중요합니다.

하지만 자신에게 주어진 환경이 좋던 나쁘던 배울 점을 찾아 최선을 다해보는 것도 자신을 알아가고 성장해 나가는 데 중요한 빛과 힘, 가치가 아닐까 싶습니다.

대학 시절 부끄러웠던 경험이 지금에 와서는 아이들을 역지사지하며 같이 함께 더불어 하는 좋은 자양분이 되고 있고, 그때 힘겨움을 잘 이겨낸 덕분에 아이들에게도 희망과 긍정의 마음을 불어넣어 줄 수 있어 참 좋습니다!

에피소드28 선생님이 제 마음을 어떻게 아시나요?

에피소드 29

쌤 있잖아요~

"쌤 있잖아요."

초등학생 아이들이 온라인 수업 시간에 자주 하는 말입니다. 그러면서 아이들은 각자 관심사에 대해서 신나게 얘기하는데요.

"제가 최근에 OO 웹툰을 봤는데요. 완전 재밌어요! 한번 보실래요?"

"제가 좋아하는 그룹 OOO의 멤버 OOO인데요. 너무 잘생기지 않았니요?"

"혹시 슬라임이라고 아세요?"

"제가 이번에 유튜브 보고 이걸 만들어봤는데 한번 보여드릴까요?"

아이들은 자신의 관심사에 대해 얘기할 때만큼은 공부할 때와 달리(?) 목소리도 더 커지며 신명나고 즐거워합니다. 그래서 저도 모르게 얘기를 더 들어주게 되는데요.

그럴 때 더 관심을 갖고 반응해주면 아이들은 좀 더 마음을 열고 '흥'을 일으키는 듯합니다. 자신이 좋아하는 이야기를 귀 기울여 들으면서 이것저것 물어봐 주는 선생님을 아이들은 '자기편'이라고 생각해서 좀 더 '편안함'을 느끼는 것 같고요. 이러한 '과정'이 아이들에게 '뭔가 하고 싶어 하는 마음'을 일깨워주나 봅니다.

관심사를 실컷 이야기하고 나면 마음이 열리며 편안하고 즐거워져서 그 '흥'이 공부할 때도 자연스레 이어지거든요.

뭐든 할 마음이 나야 재미도 있고 의미도 있지 않을까요?

그러기에 아이들에게도 공부하고 싶은 마음을 불러일으켜 주는 것이 중요한데요.

'왜 해야 하는지 모르겠고…, 왜 해야 하는지 알겠지만 하기는 싫고…'

이런 아이들에게 어떻게 '흥'을 일깨워줄 수 있을까요?

아이 편이 되어 아이의 관심사에 귀 기울이며 즐겁게 나누는 대화가 비효율적으로 보일 수도 있고 때론 시간도 많이 걸리지만, 결국 아이가 스스로 의지를 일으켜 즐겁게 집중해서 공부하도록 하는 하나의 중요한 과정이라고 믿습니다.

저 역시 그렇게 하다 보니 아이의 관심사를 더 잘 파악하게 되어, 수학 개념을 설명해줄 때나 서로 문제 만들기 미션을 할 때 공부와 아이의 관심 주제를 자연스럽게 연결 지으면서 진행해 보게 됩니다. 아이들의 관심사를 수학과 연결시켜 '문제를 만들어서 서로 맞춰보는 시간'이라고 이름 짓고 아이들과 서로 문제를 내면서 즐겁게 공부를 하는데요.

"5만원 짜리 아이돌 OOO 굿즈를 사려고 매일 1,000원씩 모으려고 하는데 다음날은 전날의 2배씩을 모을 거야. 며칠 만에 굿즈를 살 수 있을까?"

"우리 집 OO(반려견) 주려고 간식을 10봉지 샀는데요. 간식 한 봉지에 사료용 과자가 10개씩 들어있어요. 한 번에 너무 많이 주면 안 되니까 하루에 6개씩 주면 며칠 동안 먹을 수 있고 몇 개가 남을까요?"

이처럼 수학이 아이들의 관심사 그리고 일상의 문제와 자연스레 연결된다면 공부가 더 즐겁지 않을까요? 결국 아이들이 공부의 '흥'을 일으킬 수 있도록 하기 위해서는 '아이' 자체에 관심을 가지는 것을 바탕으로 아이가 주체·주도·자율적으로 '과정'에 즐겁게 집중하게 하는 것이 참 중요한 것 같습니다.

에피소드 30

근데 이걸
왜 배우나요?

그저께 초등학생 아이가 수업 때 이렇게 질문했습니다.

(분수의 덧셈, 뺄셈 수업 중)
"선생님 잠깐만요... 근데요. 나중에 직장에 가서도 이걸 쓰나요?"

얼마 전에는 중학생 아이가 이런 이야기를 했는데요.

(연립 일차방정식의 활용 수업 중)
"도대체 소금물 농도 문제는 왜 풀어야 하는 거예요?"

또 얼마 전에는 고등학생 아이가 이렇게 얘기했습니다.

(고차방정식 수업 중)
"4차 방정식은 도대체 왜 배우는 건가요?"

(수학 선택과목을 뭐로 할지에 대한 의논하던 중)
"미적분은 어디에 쓰는 건가요? 그걸 제가 꼭 알아야 하나요?"

초등학생부터 고등학생까지 아이들이 이런 질문을 하는 건 아마도 수학이 어렵고 힘들기 때문이겠죠.

때론 투정으로, 때론 힘들어서 도망가고 싶은 마음으로 하는 말이겠지만 내가 그걸 왜 해야 하는지를 묻는 질문은 아이가 자기 삶의 주인이 되는 과정에서 가장 핵심적인 질문이 아닐까 싶습니다.

어른들도 일이 어렵고 힘들면 왜 해야 하는지를 스스로 돌아봅니다. 그리고 정말 내게 필요한 일이고 중요하다는 판단이 서면 다시 의지를 내어 시도하고 노력하죠.

아이들도 마찬가지입니다.

아이가 왜 하는지를 스스로 납득해야 목표 의식이 분명해지고 내적 동기가 커져서 힘들더라도 꾸준히 즐겁게 앞으로 나아갈 의지가 생기니까요(스트레스도 훨씬 덜 받고요).

학문의 관점에서 본다면 이러한 질문들은 수학이 존재하는 이유! 바로 수학의 본本과 정체성에 대한 궁금증일 것입니다.

'수학은 왜 존재하는가?'

결국 아이는 스스로 납득하며 나아가고자 하는 마음에 왜 이것을 해야 하는지 그 이유를 선생님, 부모님 혹은 친구로부터 듣고 싶어 한다고 생각하는데요.

안타깝게도 대부분의 아이들은 진지한 답변을 듣지 못하나 봅니다. 왜냐하면 나중에 아이들이 다들 이렇게 결론 내리더라고요.

"학교 교과서(혹은 시험)에 나오니까요~"

어른들 역시 그렇게 배우고 성장했기 때문에 위의 질문에 대해 본

에피소드30 근데 이걸 왜 배우니요?

질적인 답을 주지는 못합니다. 아직도 미적분, 고차방정식, 소금물과 같은 단어만 들어도 수학 트라우마가 떠오를 정도니까요.

수학에 대한 트라우마를 극복하려면 결국 수학의 본질에 더 가깝게 다가가야 하는데요. 안타깝게도 입시 위주의 교육 환경 속에서는 어떻게 하면 더 쉽고 재미있게 가르칠까, 빠르고 정확하게 풀게 할까, 잘 외우게 할까에 마음이 더 가다 보니 진짜 아이들이 궁금해하는 질문에 대한 답에는 다가가지 못하고 어른들의 트라우마도 그대로 남고 맙니다.

이제는 정말 아이들과 진지하게 왜 소금물 문제를 풀어야만 하는지, 주스의 양을 가늠할 때 왜 굳이 '$1\frac{3}{5}$ L'라는 분수로 표현해야 하는지에 대해 얘기할 기회가 더 많아졌으면 좋겠습니다.

아이와 수학 문제를 하나 더 푸는 것보다 'why'에 대한 얘기를 조금이라도 더 하는 것이 훨씬 더 가치 있고 중요하다고 보는 교육 환경이 되기를 간절히 바랍니다.

왜냐고요?

아이가 자존·창조·조화롭고 밝고, 맑고, 찬란한 자기 삶의 주인공이 되도록 하기 위한 가장 중요한 첫 번째 질문이니까요!

그렇다면 저는 아이들의 "수학 왜 배워야 해요?"라는 질문에 대해 어떻게 답하냐고요? "수학을 배우는 과정을 통해 나, 너, 우리 모두가 행복해지기 위해서지!"라고요. 좀 더 풀어서 얘기하면요. "수학으로 정답을 맞히는 게 중요한 게 아니라 수학 문제를 해결해 가는 과정 속에서 체계·논리·합리적인 사고를 키워가며 내 삶의 문제를 지혜롭게 해결해 나갈 수 있고 그러면서 세상의 이치 또한 깨우칠 수 있기 때문이야. 그렇게 수학을 통해 스스로 납득하고 깨닫는 과정 속에서 자존감도 커지고 창조력도 길러지며 조화롭게 어울리는 법을 배우게 되어 우리 모두가 더 밝고, 맑고, 찬란해질 수 있거든. 결국 나, 너 우리 모두가 행복한 세상을 만들어 나가기 위해 꼭 배워야 하는 과목이야!"라고요.

어려운 이야기이지만 아이들이 '밝아지는 수학'을 배워가며 스스로 이해하고 납득하여 그 질문에 답할 수 있도록 오늘도 아이들의 '왜'에 대한 질문들부터 경청하고 공감해주며 같이 함께 더불어 수업을 해 봅니다.

에피소드 31

저는 이 문제를
꼭 알아야겠습니다!

고등반 OO 학생과 온라인 수업을 하면서 있었던 일입니다.

수업 시간에 어려운 문제를 함께 풀었는데요. 문제를 이렇게도 풀어보고 저렇게도 풀어봤는데 생각대로 잘 안 풀리자 아이가 이렇게 말했습니다.

"선생님, 저는 이 문제를 꼭 알아야겠습니다!!!"

그 순간 왠지 모를 감동이 일어났습니다.

문제가 어려워서 풀기가 힘들어도 반드시 문제를 해결하고자 하는 학생의 의지를 보면서 선생님 입장에서 큰 보람을 느낀 순간이었는데요.

지나고 보니 제가 그때 느꼈던 감동은 모르는 뭔가를 반드시 알아내고야 말겠다는 학생의 순수한 열정 때문이 아니었나 싶습니다. 풀이가 너무 궁금했던 거죠!

아이들이 초·중·고등학교를 거치며 점점 수학을 멀리하게 되는 가장 큰 이유는 문제가 자꾸 어려워지고 풀이가 복잡해지기 때문인데요.

그럴 때 여러 가지 동기로 힘을 낼 수 있습니다.

'공부를 잘해서 엄마에게 혼나고 싶지 않다.', '주변 사람들에게 인정받고 싶다.', '좋은 대학에 가고 싶다.' 등…

그런데 우리는 정작 수학을 공부하면서 가장 중요한 걸 잊고 사는 게 아닌가 싶습니다.

'순수한 궁금증에서 나오는 열정!'

세상의 모든 학문이 처음에는 순수한 궁금증이나 호기심에서 출발했을 텐데요.

공부가 도구가 되어버린 세상에서 순수한 궁금증을 놓치고 살다 보니 문제 자체가 궁금하기보다는 문제가 잘 풀리면 기분이 좋고 안 풀리면 힘들고 짜증 나는 감정만 남는 게 아닐까 싶습니다.

그 학생을 보면서 나 자신 또한 순수한 궁금증에서 비롯된 열정으로 하루하루를 공부하며 살고 있는지 돌아보게 됩니다.

에피소드31 저는 이 문제를 꼭 알아야겠습니다!

에피소드 32

이등병 삼각형?

얼마 전 학생의 숙제를 확인하다가 크게 웃은 적이 있습니다.

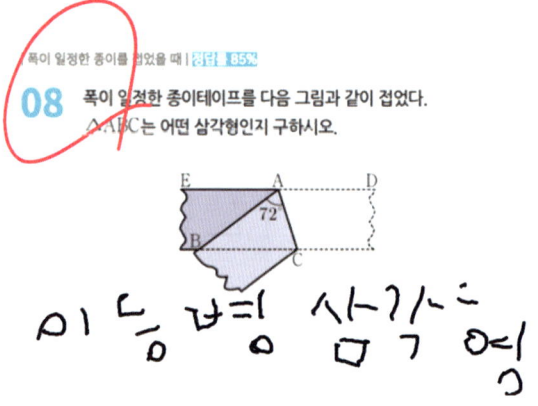

(문제 출처 : 매쓰플랫)

이등병 삼각형? ㅎㅎㅎ

예전 군대 생각이 나기도 하고 삼각형이 이등병이면 사각형은 일병일까?라는 엉뚱한 상상도 해보면서 과연 이 문제의 답을 맞았다고 해야 하나... 틀렸다고 해야 하나... 망설였습니다.

'재밌으면 됐지! 정답! ㅎㅎㅎ'

사실 학생이 정말 몰라서 이렇게 썼다기보다는 태블릿 펜으로 쓰다 보니 그랬을 것 같아 정답이라고 했는데요. 왜 이렇게 썼는지 물어보려다가 혹시 부끄러워할까 봐 물어보지는 않았습니다.

'뭣이 중헌디?'라는 어떤 영화의 대사처럼 자신 혹은 타인의 실수를 하나하나 짚고 넘어가기보다는, 때로 즐겁게 웃으며 넘어가는 것도 자신을 아끼고 주변을 인정·존중·배려하는 중요한 덕목이 아닐까 싶습니다.

옳고 그름을 떠나 학생의 귀여운(?) 실수 덕분에 한바탕 웃을 수 있었으니 그걸로 충분한 거죠.

에피소드 33

내 몸에서 시작되는 창조성

　이번 온라인 수업 시간엔 아이들과 비빔국수를 만들었습니다. 온라인으로 비빔국수 만드는 과정을 실시간으로 보여주고 집에서 엄마와 함께 직접 요리하면서 레시피에 나오는 '꼬집'이라는 단어로 자연스럽게 단위 이야기를 시작했습니다.

　한 뼘, 두 뼘, 그리고 인치나 피트와 같이 우리가 아는 단위 중 상당수가 사실은 신체 부위를 가지고 만들어진 것이라는 이야기를 단위의 역사 이야기 속에서 풀어가며 우리도 직접 자신의 몸을 이용해서 **나만의** 길이 단위를 만들어보고 나만의 '자'도 만들어 보자고 했는데요.

자신의 몸을 기준으로 삼으니 아이들의 창조성이 빛을 발하기 시작했습니다.

"저는 제 손가락으로 하트 모양을 만들 때의 손가락 길이를 가지고 '하트' 자를 만들었어요."

"저는 제 두 눈 사이 간격으로 '첫눈' 자를 만들었어요."

이 중에서 가장 '빵' 터졌던 아이의 답변은 바로~~~~

"제가 만든 자의 이름은 '재보' 자입니다."

나만의 자를 만드는 과정에서 발휘되는 아이들의 감각에 놀라고 감동하며 한참을 웃었습니다.

아이들의 발표를 듣다 보니 자신의 몸을 이용해서 만들어보는 과정에서 창조성이 발휘된 것이 아닐까 싶었습니다. 모든 것은 자신에서 비롯될 때 빛이 날 수 있음을 다시금 깨우치게 되었네요.

에피소드 34

뽀로로가
수학 기호가 된다면?

"오늘은 나만의 숫자를 만들어 볼까요?"

"어떻게 만들어도 상관없어요. 내가 숫자를 새로 만든다면 어떤 모양으로 할지 마음껏 자유롭게 만들어 볼까요? 왜 그렇게 만들었는지 이유를 설명해 줄 수 있다면 더 좋겠어요."

한 아이는 독특한 모양의 숫자를 만들었는데요.

"저는 완두콩을 좋아해서요. 완두콩 모양의 숫자를 만들어보았어요."

완두콩 깍지 속 완두의 개수로 숫자를 만드니 재미있기도 했지만 평소 좋아하던 완두콩으로 숫자를 만들었다는 게 새삼 놀라웠습니다. 좋아하는 걸로 만든 게 곧 창의적인 작품이 되는 걸 봐서 놀라웠던 거죠.

이번엔 다른 아이 얘기인데요.

얼마 전 한 초등학생의 어머니가 아이의 시험 결과를 제게 보내준 적이 있습니다.

"아이가 학교에서 시험을 봤는데요. 빵 터져서 보내드려요~"

풀이를 보니 대응 관계를 '△, □, ○'라는 기호를 이용해서 식으로 간단하게 표현하는 문제였는데요. 아이는 자기가 좋아하는 '뽀로로와 친구들'의 캐릭터를 가지고 자기만의 수학 기호를 새로 만들어서 문제를 풀었던 것입니다.

시험임에도 불구하고 자기가 좋아하는 '뽀로로와 친구들'의 캐릭터로 기호를 만들었다는 점이 참 용기 있다는 생각이 들었고요. 아이가 말랑말랑한 사고로 자유롭게 창조성을 발휘했다는 생각도 들어 제 마음이 뿌듯했는데요.

　아이들의 통통 튀는 수학 기호들을 통해 결국 '창조력도 결국엔 자기 자신을 사랑하는 마음에서 무럭무럭 자라날 수 있겠다'라는 깨우침이 일어나는 행복한 시간이었네요.

에피소드 35

제 실력을 발휘하기
어려운 이유는?

축구선수의 꿈을 향해 나아가는 중학생 아이와 꾸준히 온라인 수업을 하고 있는데요. 수업 중간에 예전부터 궁금했던 게 갑자기 떠올라 아이에게 물어보게 되었습니다.

"유명한 OOO 선수 알지? 그 선수가 아주 중요한 순간에 황당한 슛을 쏘는 모습을 자주 보는데 같은 축구 선수로서 왜 그런지 아니? 그동안 슛 연습을 수없이 했을 테고 정말 실력이 좋은 선수인데 아무리 긴장이 된다고 해도 좀 이해가 안 돼서 말이야"

그러자 아이가 이렇게 대답했습니다.

"사람들이 자기한테 주목하니까 그러한 기대 때문에 더 잘하려는 마음이 생겨서 긴장이 되고요. 그러다 보니 몸에 힘이 들어가서 자세가 흐트러져지고 공을 정확히 맞히거나 힘을 싣지 못하는 거예요."

"그렇구나! 잘하려는 마음이 잘하지 못하게 하는구나!"

아이의 대답을 통해 단지 축구만이 아니라 만사가 다 그러함을 다시 한번 자각하게 되었는데요.

결과를 바라지 않고 무심하게 과정 자체에 집중하는 것이 결국 제 실력을 발휘하며 좋은 결과를 가져올 수 있음을 알면서도 그 마음을 내려놓기가 참 어렵습니다.

'여의무심(如意無心)!'

참으로 어려운 공부지만 아이들을 믿고 아이들의 지금 모습 하나하나가 훌륭하게 성장해 가는 하나의 과정임을 인식하듯이 제 자신도 스스로를 믿고 지금의 공부 과정 하나하나에 즐겁게 집중해 보려고 합니다.

에피소드35 제 실력을 발휘하기 어려운 이유는?

에피소드 36

미래는 알 수 없다는
말의 의미

"선생님! 학교 선생님이 그러시는데요. 공부를 어떤 계기로 잘하게 되는지는 아무도 알 수가 없는 거래요."

수업 시간 중 뜬금없이 한 중학생이 저에게 이렇게 얘기했습니다.

"응~ 학생마다 공부를 잘하게 되는 길은 서로 다 다르다는, 케이스 바이 케이스라는 얘기구나?"

"맞아요. 선생님이 그러시는데 중학교 때는 잘하다가 고등학교 때 못하는 경우도 있고 중학교 때는 못 하다가 고등학교 때 잘하는 경우도 있고 다 제각각이래요."

"맞는 말씀이구나."

그러면서 마침 자기 친구가 공부를 엄청 잘하는데 자신은 그만큼 못한다면서 자신도 그 친구처럼 공부를 잘하고 싶다고 얘기를 하여 이렇게 대답해주었습니다.

"공부를 잘하게 되는 여정이 다 제각각이라면 공부를 잘하게 되는 길이 엄청 많다는 거잖아. 그럼 미래가 어떻게 될지는 아무도 모르는 거니 OO이도 공부를 잘 할 수 있는 가능성이 얼마든지 있겠네! 그치?"

그러자 그 학생이 조금은 더 힘찬 목소리로 "맞아요!"라고 대답했는데요. 제게는 그 말이 참 희망적으로 들려서 좋았습니다.

그러고 보니 저 역시 자신도 모르게 지금의 상태만으로 미래가 이럴 것이라고 지레짐작하며 사는 경우가 많다는 걸 직시하게 됩니다. 특히 부지불식간에 지금이 이러니 앞으로도 크게 달라질 게 없다는 생각으로 자신을 한계 지으며 하루하루 사는 건 아닌지를 돌아보게 됩니다.

학생이 '알 수 없다'는 의미를 '무한한 가능성'으로 받아들인 것처럼, 알 수 없는 미래를 내가 무엇이든 할 수 있고 될 수 있다는 희망 긍정성으로 바라보는 혜안이 아이와 어른 모두의 변화, 발전을 위해 필요한데요.

미래를 현재 상태의 연장선이 아닌, 모든 가능성이 열려있어 희망이 가득한 시간으로 바라볼 수 있도록 나 자신부터 마음을 활짝 열고 희망과 긍정의 마음을 일으켜 하루하루를 살아가야겠다고 다짐해 봅니다.

에피소드36 미래는 알 수 없다는 말의 의미

에피소드 37

잘하고 싶은데
하기는 싫고

"선생님~ 시험은 다가오는데 시험범위는 많고… 근데 공부는 너무 하기가 싫어요!"

시험 기간이 다가올 때마다 대부분의 아이들이 하는 얘기입니다.

'해야 하는데… 해야 하는데'라고 자꾸 마음을 내어보지만 정작 막상 공부를 하려니 하기는 싫고, 이래저래 시간을 보내다가 점점 압박감은 커져가고…

대한민국에서 중·고등학교를 나온 사람이라면 위 얘기에 대부분 공감할 것 같은데요(사실 20대 이후의 삶에서도 이런 고민은 계속 되죠).

저 역시 고등학교 시절을 돌아보면, 학교에서는 '집에 가서 공부해야지'라며 책을 잔뜩 챙겨 집으로 가 놓고는 정작 집에서는 펴보지도 않고 놀다가 잤던 날이 대부분이었습니다.

'공부해야지!'하면서 매일 불을 켜놓고 잤던 날도 수없이 많았죠.

인생의 선배로서 아이들의 힘겨움을 겪어보았고 지금도 겪고 있기 때문에 아이들의 얘기에 충분히 공감이 가지만 정작 아이들에게 해줄 수 있는 얘기는 그리 많지 않아 안타까운 마음도 듭니다.

결국 원하는 것을 이루기 위해서는 잘하고 싶은 마음만큼 더 노력하거나, 그만큼 노력하지 못했다면 그에 따른 결과를 있는 그대로 직시하고 인정하거나 둘 중 하나를 선택해야 하는 게 세상의 이치라는 걸 아이들이 배워가는 과정이니까요.

공부에는 왕도가 없음을, '천지간의 모든 일은 노력한 만큼 이루어진다.'라는 것을 아이들이 깨달아가는 중요한 과정이 바로 학창 시절이 아닌가 싶습니다.

  아이들이 겪는 힘겨움이 한 걸음 한 걸음 성장해가는 자양분이 되기를 바라며 잘하고 있고, 잘할 수 있고, 하면 반드시 된다는 격려와 칭찬을 바탕으로 아이들 한 명 한 명을 응원해 봅니다.

에피소드37 잘하고 싶은데 하기는 싫고

에피소드 38

무언가를 온전히
이해하려면?

중학교 3학년에 올라가서 아이들이 처음 배우는 수학 개념이 제곱근(루트)인데요.

이 개념 자체도 쉽지는 않은데 특히 아이들을 혼란에 빠뜨리는 건 바로 'OO의 제곱근'과 '제곱근 OO'의 차이입니다(비슷해 보이지만 전자의 경우, 예를 들어 16의 제곱근이면 제곱해서 16이 되는 수라서 답이 4 또는 -4고요. 후자의 경우, 제곱근 16은 $\sqrt{16}$과 동일한 의미라서 답이 4입니다).

한 학생에게 이 개념을 설명하면서 많이 헷갈릴 수 있다고 하니 그 학생이 곰곰이 생각하다가 이렇게 얘기했습니다.

"한마디로 OO의 제곱근은 원인이고 제곱근 OO은 결과네요!"

새롭고도 멋진 해석에 폭풍 칭찬을 해주었는데요.

학생도 굉장히 뿌듯해했습니다.

그 학생이 개념을 잘 이해한 것보다 더 감동적이었던 건 바로 어려운 개념을 자기만의 방식으로 간단·간결·단순하게 정리해서 자기 것으로 만들었다는 점이었습니다.

"그렇게 정리하니 나도 훨씬 이해가 잘 되는구나!"

개념을 이해한 것보다 스스로 고민해서 정리한 부분을 훨씬 더 칭찬해주니 그 학생도 더 흥이 나서 이후 개념들도 더 적극적으로 공부했는데요.

사실, 자기만의 방식으로 녹여내서 온전히 그 의미를 이해하여 자기 것으로 만드는 일이 비단 수학 공부에만 필요한 건 아니죠.

'삶의 수많은 문제들을 온전히 자기 것으로 녹여내어 해결할 줄 아는 능력!'

이것이 인생 공부에 있어도 정말 중요한 역량이며 그런 역량을 자꾸 키워주는 게 지구라는 학교에서 선생님이 해야 할 일이 아닐까 싶습니다.

에피소드 39

한계가 있어서
뛰어넘을 수 있다!

최근 '수리도리'라는 수학 교구를 출시하면서 온라인 수업도 교구로 해보고 있습니다.

자석 큐브로 만들 수 있는 게 다양하다 보니 제약조건을 주면 더 재미있겠다는 생각이 들어 아이들에게 창조 놀이 미션을 주고 있는데요.

한 아이에게 주사위 두 개를 던져 나온 숫자의 개수만 사용해서 자석 큐브로 무엇이든 만들어보라고 하니, 아이는 고민하다가 아래와 같이 고양이를 만들었습니다.

"그럼 여기서 주사위를 굴려서 나온 개수만큼 자석 큐브를 추가해 볼까? 물론 새로운 걸 만들어도 돼~"라며 주사위를 굴려보라고 하니 숫자 4가 나왔습니다.

자석 큐브 4개를 더 사용해서 뭘 만들려나 했는데, 아이는 큐브 4개를 꼬리에 붙여 고양이 꼬리를 길게 만들고는 너무 재미있다며 한참을 웃으며 즐거워했습니다.

그 모습을 보고 '자석큐브 4개를 추가하라는 제약조건이 아니었다면 꼬리를 저렇게 길게 만들려고 했을까?'라는 생각이 들었는데요.

'아~ 제약조건이 있으니 그 한계 속에서 창의적인 작품을 만들 수 있구나!', '한계라는 게 있어 뛰어넘을 수 있는 거구나!'라는 깨우침이 일어났던 흥겨운 시간이었습니다.

제약조건이나 한계상황을 자신을 인정하고 극복하여 뛰어넘는 좋은 공부의 장으로 여길 줄 아는 것이 자신을 변화, 발전시켜 나가는 데 있어 중요한 마음과 마음가짐임을 다시 한번 인식하게 되어 기분이 참 좋았습니다.

에피소드 40

자기 삶의 주인이 된다는 것

"선생님, 너무 부끄러워서 저 못하겠어요~."

자신들이 배운 수학을 실제 삶에 적용해보기 위해 아이들이 직접 제품을 기획해서 제작하고 실제 판매까지 해보는 프로젝트를 진행할 때마다 매번 듣는 말입니다.

자신들이 만든 제품이 잘 팔리기를 바라지만 막상 판매대 앞에서 크게 소리 내어 "OO 사세요~."라고 말하려니 쑥스럽고 어색하기만 한 아이들!

그런 경험 자체가 아이들이 자기만의 삶을 개척해 나가는 데 큰 힘이 될 거라는 믿음으로 기다려주고 옆에서 격려, 칭찬해 주다 보면 조금씩 조금씩 아이들은 용기를 냅니다.

열심히 홍보를 하는데 무관심에 외면당하기도 하고 그러다가 찾아온 한 꼬마 손님의 관심에 흥이 나기도 하며 자신도 모르게 점차 강해지는 아이들을 보면 자기 삶의 주인이 되어가는 과정 같아 참 뿌듯해집니다. 그래서 예전에 한 아이가 이렇게 배우는 수학을 '주인 되는 수학!'이라고 표현했나 봅니다.

자기 삶의 주인이 자신인 건 어찌 보면 참 당연한 일인데 지금의 아이들은 학업을 핑계로 그런 생각을 할 여유나 기회를 많이 갖지 못해 늘 안타깝습니다.

자신이 자기 삶을 주체·주도·자율적으로 살아가며 스스로가 자기 삶의 주인이 되는 것은 쉽게 얻어지지 않으며 좌충우돌, 시행착오의 경험이 필요하다고 생각하는데요.

그래서 늘 제품 판매 프로젝트에 앞서 아이들에게 외칩니다!

"얘들아, 우리 거절당하는 경험부터 시작해 볼까?"

에피소드 41

10만 명에게 설문을 받았다고?

아이들과 각자 궁금한 사항을 설문지로 만들어서 평균을 내보고 그래프도 그려보는 통계 수업을 진행했습니다.

아이들의 발표를 듣는데 한 아이가 10만 명을 대상으로 설문지를 돌렸다 해서 깜짝 놀랐습니다.

"10만 명?"
"도대체 어떻게 한 거니?"
"제가 좋아하는 게임 카페 회원 수가 10만 명이 넘는데요. 거기에 제가 만든 설문지를 올려서 설문에 답해달라고 했어요!"

아이의 호기심과 열정에 감동하는 시간이었습니다.

본인이 궁금한 점을 직접 설문지로 만들었기 때문에 정말 그걸 알고 싶어서 좀 더 열정을 낸 게 아니었을까 싶었는데요. 호기심이 열정으로 바뀌는 모습이 참 멋져서 칭찬을 해주었습니다.

그러면서 '자신이 자기 삶의 주인공이 된다는 건 이런 모습이 아닐까?'싶어 좀 더 많은 아이들이 이런 경험을 하려면 어떻게 하는 게 좋을지 방법을 좀 더 고민하는 또 하나의 계기가 되었는데요.

아이에게 어른들이 바라는 삶을 살도록 하는 건 어쩌면 아이가 꼭두각시가 되길 바라는 걸지도 모릅니다.

결국 아이 스스로 마음을 내어 자신의 관심사를 중심으로 배우고 익혀가며 새로운 길을 개척할 수 있도록 지로(指路)하는 게 교사의 역할 중 하나라는 것을 다시 한번 마음에 새기게 되네요.

에피소드 42

OO의 법칙

수학 문제는 반드시 하나의 방법으로만 풀어야 하는 건 아니기에 아이들이 자유롭게 자기 방식대로 풀어보고 시행착오를 거치며 효율적인 방법을 찾도록 권장하는 편인데요.

그러다 보면 아이들의 풀이에 자주 감탄할 때가 있습니다.

한 번은 정말 새로운 방법으로 방정식을 푼 아이가 있어 크게 칭찬해준 적이 있습니다.

"대단한데? 그러면 이 방법은 'OO의 법칙'이라고 하자!"

본인이 푼 방식을 OO의 법칙이라고 부르자며 아이의 이름을 딴 법칙까지 만들어 주었는데요.

아이는 겉으로 크게 내색은 안 했지만, 자신이 새로운 방법을 고안해 냈다는 사실에 어벙벙하면서도 신기해했던 것 같습니다. 물론 가장 효율적인 방법은 아니었지만 새로운 아이디어를 스스로 생각해 내는 창조적 경험을 했다는 자체가 아이에게는 엄청난 일이었을 것입니다.

공식이나 틀에 국한하지 않고 어떤 가능성이든 다 열어두고 자유롭게 시도할 수 있게 해주는 환경과 여건 속에서 새로운 생각과 더 놀라운 방법들이 나올 수 있음을, 그러한 과정 속에서 아이가 좀 더 자신감과 자부심을 가지고 성장해 갈 수 있음을 깨우친 시간이었습니다.

에피소드 43

3개에 1,000원~

우리가 배운 수학을 일상생활에 활용해 보자는 취지로 벼룩시장에 나가 물건을 팔아보기로 했습니다. 아이들이 직접 아이디어를 내어 달고나를 직접 만들어 팔아보기로 결정하고 수익을 고려하여 가격도 정해 본 후, 드디어 물건을 팔러 동네 벼룩시장에 나갔는데요.

처음엔 수줍어하고 큰 소리로 홍보하는 걸 부끄러워하던 아이들이 한 개 두 개씩 팔리기 시작하자 신이 나서 더 적극적으로 홍보하고 판매했습니다. 그중 한 아이는 여전히 부끄러웠는지 계속 조용히 앉아만 있었는데요.

벼룩시장 마감 시간이 다가왔고 재고는 곧 손해가 되다 보니 아이들이 더 바빠졌습니다. 그때 계속 수줍어하며 조용히 있던 아이가 크게 한마디 외쳤습니다!

"달고나 3개에 1,000원!"

그 아이가 그렇게 큰 목소리로 말하는 걸 보긴 처음이라 놀라우면서도 감동적이었는데요. 자신이 만든 제품을 반드시 팔아야 한다는 절실함이 아이에게 용기를 준 듯했습니다. 물론 그 말에 다른 아이들도 더 힘을 내어 완판까지 해냈죠. 아이들 스스로 제품을 만들고 판매하면서 세상 속에서 자신들의 빛과 힘, 가치를 나누는 경험들을 하여 참 뿌듯하고 보람 있는 시간이었습니다.

나중에 프로젝트를 마치고 후기를 서로 공유하는 시간이 있었는데요. 제품을 판매하는 것 자체가 신기하고 재밌었다는 소감들을 듣게 되었습니다. 아이들의 얘기를 들으며, 성공이냐 실패냐의 결과만이 중요한 게 아니고 아이들이 이렇게 직접 경험한 것 자체가 나중에 아이들이 더 크게 성장하는 자양분이 될 것이라는 사실이 프로젝트 수업의 더 중요한 가치였음을 다시금 일깨우게 되었네요.

에피소드 44

2년 후에
채용 공고 내주세요!

아이들과 같이 함께 더불어 만들어가는 교육을 추구하다 보니 종종 이런 얘기도 듣습니다.

"저 나중에 여기 취직해도 되나요?"

특히 '요리로 하는 수학'을 배우면서 요리사의 꿈을 키우게 된 아이가 있었습니다. 처음에 수학을 몹시 싫어했던 그 아이는 요리로 수학을 배우면서 사칙연산을 즐겁게 배웠을 뿐만 아니라 요리 자체에 호기심이 더욱 커져서 실제로 요리사로 진로를 정했는데요.

아이는 몇 년 후에 다시 찾아와서 좀 더 구체적으로 자기가 요리사 자격증을 따고 졸업하게 될 때쯤 채용 공고를 내달라며 강한 의지(?)를 보였습니다.

듣기만 해도 참 흐뭇하고 기분이 좋았는데요. 아이들이 이 공간에서 함께 공부하고 어울렸던 게 참 좋은 경험으로 남았고 그런 경험을 어린 후배들에게 직접 알려주고 싶어 한다는 것!

'이보다 보람 있고 가치 있는 일이 어디 있을까요?'

자신이 머물렀던 곳에 관심과 애정을 가지고 자연스럽게 주인의식을 발휘하는 아이를 보며 이렇게 요리로 수학하며 밝아지는 수학을 전해주는 일에 큰 보람을 느꼈습니다.

아이들과 같이 함께 더불어 하는 이 시공간이, 아이들이 수동적으로 공부하러 오는 학원이 아닌 즐겁게 공부하면서 창조성을 키우고 자신만의 길을 개척하며 자기 삶의 주인이 되는 그런 직접·적극·능동적인 공간이 되게 하는 게 늘 꿈꾸던 바람이었습니다. 그게 결국 아이들이 인생을 살아가는 데 있어 학교 공부보다 더 중요한 공부가 아닐까 싶어 지금껏 이 길을 묵묵히 걸어왔는데요.

어렵고 힘들 때도 있지만 이곳의 수업을 통해 자신의 진로를 찾은 아이, 나중에 여기서 아이들을 가르치는 선생님이 되고 싶다는 아이, 그리고 이곳을 통해 자신의 꿈을 차근차근 찾아가는 아이가 있어 지금 가고 있는 길에 대한 확신과 믿음 그리고 자긍심과 자부심이 다시 한번 샘솟게 됩니다.

에피소드 45

때로는 편식이 필요하다

"선생님, 저 스도쿠 안 하면 안 돼요?"

평소 선생님이 하자는 것은 모두 잘 따라 하던 한 아이가 이렇게 말해서 당황한 적이 있습니다. '스도쿠를 당연히 재미있어하겠지.'라고 생각해서 문제를 냈는데 안 하겠다고 하니 이유가 궁금했습니다.

"왜 하기 싫어? 좀 어렵니?"
"학교에서 동아리 활동 때 선생님이 너무 많이 시키셔서 지겹게 풀다 보니 재미가 없어졌어요."
"제가 새로운 공식도 만들어보고 싶은데 자꾸 같은 것만 시키셔서…"

아이의 대답에 좀 안타까운 마음이 들었습니다.

물론 아이가 이런저런 경험을 다양하게 해보는 것도 중요하지만 아이가 정말 원하는 한 가지를 실컷 해볼 기회조차 주지 않으면서 배움만 강요하면 부담이 될 수도 있겠구나. 마치 먹기 싫은 음식을 몸에 좋다고 계속 강요하는 것처럼 아이들에게 필요하다는 이유로 하기 싫은 걸 강요하는 건 아닌가 하는 생각이 들었는데요.

때마침 TV의 자녀교육 프로그램에서 유아교육 전문가분이 '아이들에게 때로는 먹고 싶은 것만 먹게 하는 것도 필요하다.', '싫어하는 건 다 그 나름의 이유가 있다.'라고 말하는 것을 들으며, '정말 중요한 건 아이의 말에 귀 기울여주고 마음껏 뛰어놀 수 있는 울타리를 만들어 주는 것!'이라는 깨우침이 일어났습니다.

때론 아이가 뭐 하나에 꽂히면 그것만 계속할 수 있게 충분히 지원해 주기도 하고, 가끔은 아이들이 선입견과 혹은 인식의 한계로 인해 하기 싫다고 하는 것도 필요하다고 판단이 되면 차근차근 이야기하며 시도해 볼 수 있게 하는 것, 이 두 가지 방식이 조화와 균형을 이루는 교육이 참 중요하다는 생각이 드네요.

에피소드 46

아이가 출제자가 되어 본다면?

"우리 집 강아지가 먹을 사료를 샀는데요. 사료가 35개가 들어있는데 강아지에게 하루에 7개씩 준다면 며칠 동안 다 먹을 수 있을까요?"

집에 강아지를 키우는 초등학생 아이는 집에 있는 강아지에게 먹일 사료로 나눗셈 문제를 내고요.

"메시는 45분간 8km를 뛰다가 교체가 되었고요. 호날두는 풀타임을 뛰었는데 12km를 뛰었다고 합니다. 누가 더 평균 속력이 높을까요?"

축구를 좋아하는 아이는 거리, 속력, 시간 문제를 축구 경기에 적용해서 문제를 냅니다.

수업 시간에 아이들과 '서로 문제 내고 맞히기 미션'을 자주 하는데요. 수업 시간에 배운 수학 개념을 일상생활에서 어떻게 활용할 수 있는지 직접 문제를 내보면서 고민해 보고 그 과정을 통해 수학이 자기 삶에 어떻게 쓰이고 있는지를 자연스레 납득하는 시간이 되고 있습니다.

선생님이 일상 상황을 수학 문제로 내주면 아이들은 훨씬 더 몰입합니다. 아이들 또한 선생님처럼 자신의 일상 속 상황을 수학 문제로 만들다 보면 일상 곳곳에 자리 잡고 있는 수학 개념을 자신의 삶에 적용하려 고민하는 과정이 문제에 고스란히 담기는데요.

그 과정에서 아이가 문제를 푸는 대상이 아닌 문제를 만드는 주체가 되는 것! 출제자로서 창조적으로 문제를 만들어 보면서 자신이 배운 걸 자신의 삶에 녹여내는 과정이 곧 자신의 삶을 주체·주도·자율적으로 살아가는 힘이 되지 않을까요?

에피소드 47

아는데 잘 안 돼요.

학부모 상담을 하면 자주 듣는 얘기가 있습니다.

"무슨 말씀이신지는 아는데 잘 안되네요."

물론 아이를 키우는 건 정말 어려운 일입니다. 언제 어떻게 얼마나 개입해야 하는지 매 순간 판단·선택·결정하는 게 보통 일이 아니지요. 그러다 보니 조급함을 내려놓고 아이에게 여유와 넉넉함을 가지고 대해야 한다는 걸 알면서도, 결과보다는 과정 자체를 격려, 칭찬해주는 것이 중요함을 알면서도 생각만큼 안 되는 경우가 많습니다.

생각만으로 이룰 수 있는 건 없기에 무엇이든 의식적으로 노력

하고 반복해서 시도하며 정성과 노력을 들여야만 하는데요.

만사가 그러하지만 유독 자녀교육에 있어서는 그런 정성과 노력을 들이기가 쉽지 않은 것 같습니다.

자신과 자녀를 동일시하고 불안함과 초조함으로 아이를 자꾸 재촉하듯이 대하는 것.

부모는 그래야 마음이 좀 편해지지만 정작 아이는 재촉하는 순간만 조금 하는 것 같다가 다시 원래대로 돌아가는 등 크게 나아지는 것은 없는 경우가 많습니다. 사실 지속성을 가지려면 아이 스스로가 그렇게 할 수 있도록 기다려 줄 필요가 있는데요. 그러기 위해서는 부모가 먼저 여유와 넉넉함을 가져야 합니다. 그러한 마음을 바탕으로 한 번에 아이를 변화시키려는 마음을 내려놓고 작고 소소한 실천에 집중하는 것이 중요한데요.

'한 번 더 기다려주고, 한 번 더 물어봐 주며, 한 번 더 칭찬해주기!'

지금부터 작고 소소한 것부터 하나씩 실천해 보면 어떨까요?

에피소드 48

요리가 망했는데 재밌어요!

10여 년간 아이들과 요리하며 수학 이야기를 나누다가 느낀 점 중 하나는 '요리 속에 교육의 가치가 다 담겨있구나!'였습니다.

이번엔 그중 하나를 소개하고자 합니다.

실패에 좌절하지 않고 계속 도전하려면 내가 원하는 대로 일이 잘 안되었을 때 그 결과를 실패로만 생각하지 않는 것이 중요한데요. 실제로는 공부하면서 늘 정답을 맞혀야 한다는 부담이 있다 보니 정답을 맞히지 못하면 그 경험이 실패로 다가오는 경우가 많습니다.

그런데 요리의 경우 아이들의 반응이 달랐습니다. 요리 수업을 해

보면, 아이들이 레시피대로 요리를 하더라도 평소 잘 안 해봤다 보니 요리에 서투르기도 하고 요리 과정에서 늘 변수가 많다 보니 원하던 대로 요리가 잘 되지는 않는 경우가 많은데요.

그런데 놀라웠던 건 요리가 생각했던 대로 잘 나오지 않더라도 즐거워한다는 점이었습니다. 오히려 "망했는데 재밌어요!"라고 말하는 아이들을 보면서 요리가 무언가를 계속 시도하고 도전하게 하는 힘이 될 수 있겠다는 생각이 들었습니다.

아이들에게 요리가 맛이 없다는 게 실패가 아닌 또 한 번의 시도를 해보았다는 뿌듯함과 즐거움이 되듯, 요리와 관련된 수학 미션 역시 계속 즐겁게 시도하고 도전하며 창조적인 문제 해결력을 키워 나가는 계기가 될 것이라는 확신도 생겼고요.

요리할 때마다 즐거워하는 아이들의 모습을 볼 때마다 '요리로 수학 수업하기를 잘했네!'라는 마음이 일어나며 이 길을 묵묵히 잘 가고 있는 자신에 대한 확신과 믿음을 더욱 굳건히 하게 됩니다.

에피소드48 요리가 망했는데 재밌어요!

밝아지는 수학으로 자존·창조·조화로워지는
부모, 아이 그리고 선생님 이야기

3.
조화편

에피소드 49

아이의 이야기에 경청하는 방법

아이들과 수업하며 소통하다 보면 뜻밖의 말에 평소 인식하지 못했던 새로운 사실을 알게 될 때가 있습니다.

얼마 전 OO 학생의 온라인 수업에서 지난 시간 과제를 확인했는데요. OO 학생이 풀어온 문제를 채점해 보니 연달아 세 개가 오답이 났습니다. 수업화면 너머에서 *"으아아~"* 하고 좌절하는 OO 학생의 소리를 듣고는 아이들에게 늘 그랬듯 *"괜찮아, 그럴 수도 있지."* 라고 응수하니 OO 학생의 한마디가 걸작이었습니다.

"전 괜찮지 않아요. 괜찮음을 강요하지 마세요!"

에피소드49 아이의 이야기에 경청하는 방법

듣고 보니 일리가 있었습니다. "선생님이 한 방 먹었구나. 네 말이 맞는 것 같다."라고 대답하니 별다른 말이 없었습니다. 돌이켜 보면 제가 아이들이나 주변 분들에게 괜찮다는 말을 자주 쓰는데, 상황에 따라서는 그 말이 위안이 아닐 수도 있었겠다는 생각이 듭니다.

아이 입장에서 역지사지를 해보면, 나는 당장 아프고 힘든데 상대방은 당사자가 아니니까 괜찮다는 말을 편하게 한다고 생각했을 것 같고, 선생님이야 당연히 다 갖춰서 부족한 게 없으니 괜찮다고 하는 말처럼 들었을 수도 있겠네요.

다음부터는 OO 학생의 힘듦과 답답함을 먼저 공감해주고, 괜찮다고 말하기 전에 "얼마나 안타깝니. 열심히 했는데 틀리니까 속상하지?"라고 말해주어야겠습니다.

경청과 소통에 있어 역지사지와 공감이 참 중요하다는 것을 다시금 일깨워 봅니다.

에피소드 50

시험을 못 본 게
아이만의 문제일까요?

이번엔 어른들 이야기로 먼저 시작해보겠습니다.

여기 취업을 준비하는 취준생이 있습니다.
승진을 위해 노력하는 직장인이 있습니다.
투자를 받으려고 노력하는 사업가가 있습니다.

이 세 사람은 목표를 달성하기 위해 모두 나름 열심히 노력합니다. 그런데 경쟁적인 사회제도 하에 취준생은 면접에서 늘 어려운 질문을 받거나 경쟁자들에게 밀려 취업에 계속 실패하고, 직장인은 어려운 승진시험에 계속 통과하지 못해 좌절하고, 사업가 역시 열심히 준비했지만 다른 회사에 밀려 투자 유치에 계속 실패합니다.

이럴 때 우리는 **"더 열심히 했어야지!"** 라는 말을 하기보다는 좌절감이 들고 자존감이 낮아진 취준생, 직장인, 사업가에게 위로부터 먼저 건네게 되고 열심히 노력한 과정을 칭찬하며 앞으로 더 좋은 기회가 있을 거라 격려하면서, 또 계속 시도하다 보면 결국 이루어질 거라는 희망의 메시지를 전해주며 응원합니다.

그런데 위의 글을 조금 바꿔볼까요?

취준생, 직장인, 사업가를 입시를 준비하는 학생(자녀)으로
면접, 시험, 투자를 중간고사 혹은 기말고사로 말이죠.

그러면 열심히 노력했지만 시험이 너무 어려워서 시험을 망치고 낮은 등급을 받아 좌절한 학생이 있을 수 있겠죠.

대상과 문제만 바뀌었을 뿐인데 학부모와 주변의 선생님을 비롯한 어른들은 그 학생(자녀)을 어떻게 바라보고 있나요? 취준생 그리고 직장인과 달리 아이들에게는 공부를 잘하는 게 당연한 것처럼 대하고 있는 것은 아닐까요? 그러다 보니 항상 부족한 부분만 바라보고 다그치게 되는 것은 아닐까요?

최근 중간고사 시험을 너무 못 봐서 좌절하고 실망한 학생들에게 위로와 격려의 말을 전하며 함께 시험문제를 다 풀어보았는데 너무 어려워서 깜짝 놀랐습니다.

"시험문제가 다들 어려웠겠는데 반 평균이 몇 점이었니?"
"40점이요."
"50점이요."
"응?"

학생들이 열심히 안 한 것도 아닌데 왜 이렇게까지 문제를 어렵게 내서 아이들의 자존감을 떨어뜨리는지 시험 출제자에, 학교에, 우리나라 교육제도에 화가 났습니다.

시험이란 자신이 지금까지 배운 걸 얼마나 잘 이해했는지를 확인하는 시간이고 이를 통해 배운 내용을 좀 더 명확하게 알아갈 수 있게끔 하는 것이 본래 목적일 텐데, 아직 한참 성장하는 아이들에게 지금의 입시제도는 너무 큰 시련이자 스트레스입니다.

아이들에게 "시험 준비하느라 고생했고 앞으로 또 기회가 많으니까 **힘내보자**"라는 말밖에 할 수 없어 미안한 마음이 들었는데요.

우리 모두, 계속 노력하지만 100점 만점에 40점, 50점을 맞는 학생의 기분을 한 번쯤은 **역지사지**해 볼 필요가 있지 않을까요?

에피소드 51

하루 종일 핸드폰만 보는 것 같고 답답해요.

"항상 말로는 열심히 한다고 하는데 실제로는 하루 종일 핸드폰만 보는 것 같고 답답해요~"

학부모 상담 전화를 할 때 자주 듣는 말입니다.

그럴 때는 보통 즐거운 인내와 충만한 끈기를 가지고 기다려주는 것이 아이 교육에 있어 참 중요하다고 얘기하는데요.

그러면 보통 이렇게 답하시는 부모님들이 많습니다.

"그건 아는데, 잘 안되네요."

사실 참 어려운 문제입니다.

어른들도 '운동을 꾸준히 해야지, 영어 공부를 꾸준히 해야지'라고 매번 다짐하지만 작심삼일로 끝나는 경우가 많듯이, 아이들도 마음은 있지만 행동으로 옮기기가 쉽지 않다는 걸 우리도 잘 알죠.

하지만 가르치는 어른들 눈에는 아이의 성장 과정에서 이러면 좋겠고 이러면 안 된다는 점이 너무나 명확하게 보이기에 그냥 두고만 볼 수도 없죠. 아이를 위해서!

하지만 참다 참다 한마디 하면 아이는 또 그때뿐인 것 같고, 때로는 주눅이 들어서 오히려 잘하고 있는 부분까지 잃어버리니, 아이와의 교류·공감·소통이 더 어려워집니다.

그래서 최근에는 이렇게 말씀드리는데요.

"동고동락, 동병상련의 마음으로 아이와 함께 해보시면 어떨까요?"

'同苦同樂 동고동락'(괴로움과 즐거움을 함께한다는 뜻)

아이와 즐거움과 힘겨움을 같이 공감하고 함께 헤쳐 나가며 더불어 살아간다는 마음, 그리고 서로 같은 길을 가는 동반자라는 관점으로 아이를 대한다면 수직적인 교육과 수평적인 교류·공감·소통이 좀 더 조화를 이룰 수 있지 않을까 싶습니다.

오늘 하루도 아이들과 동고동락, 동병상련으로 같이 함께 더불어 하고 있는 우리 모두를 응원합니다!

에피소드 52

저 혼자 하면 안 될까요?

요리로 하는 수학 수업 시간에는 매번 2~3명을 한 팀으로 만들어 주고 서로 협동하면서 요리도 하고 미션도 수행하게 하는데요. 그럴 때마다 항상 듣는 얘기가 있습니다.

"선생님, 저는 따로 하고 싶은데 혼자 하면 안 될까요?"

"음... 요리도구도 많지 않아서 혼자 하기 어려울 것 같은데... 왜 혼자 하고 싶니?"

"혼자 하는 게 더 편하니까요."

요리, 미션 수업을 할 때마다 아이들이 항상 하는 이야기인데요. 사실 혼자 하면 도구도 내 마음대로 쓰고 음식도 나눠먹을 필요가 없으며 하고 싶은 걸 마음대로 할 수 있으니 아이들은 대부분 혼자 하고 싶어 합니다.

반면, 친구들과 같이 요리를 하면 다른 친구와 하고 싶은 게 겹칠 때 가위, 바위, 보로 정하는 경우가 자주 생깁니다. 그러다 보면 내가 원하는 대로 하지 못할 때가 많죠. 때론 자기가 하고 싶은 파트를 다른 친구에게 양보해야 하는 상황도 생기고요. 완성된 음식을 먹을 때는 혼자 다 먹고 싶어도 친구들 몫을 배려해서 나눠먹어야 하니 아이 입장에서는 좀 더 불편하고, 그래서 불만인 거죠.

'나는 양파 써는 게 싫은데... 소스는 내가 만들고 싶은데...'

이럴 때 아이들을 변화시키는 힘은 바로 친구랑 같이 하니까 나도 더 좋다는 경험입니다. '양보와 배려는 나한테 손해야~.'라는 생각을 극복하려면 시간도 필요하고 노력도 해야 하지만, 무엇보다 친구들과 같이 함께 더불어 하니 즐겁다는 경험을 쌓으면서 양보와 배려가 나도 좋고 친구도 좋고 우리 모두가 좋다는 걸 스스로 체득해 가는 것이라고 생각합니다.

예를 들어, 친구랑 같이 요리하면 내가 반죽할 때 친구가 볼을 잡아줘서 참 편한 경험, 재료를 같이 썰고 다듬으니까 훨씬 요리가 빨리 진행되는 경험, 이번에 내가 양보하면 다음에는 친구가 양보해줘서 결국 하고 싶은 걸 서로 다 할 수 있다는 경험, 다들 양보하니까 수업 분위기도 좋고 수업도 빨리 끝나서 좋은 경험! 이런 경험을 요리와 미션 수업을 통해 꾸준히 체득해 가다 보면, 혼자 하고 싶다던 아이들도 어느새 같이하는 걸 자연스럽게 느끼고 좋아하게 되거든요. 그렇게 체득을 쌓아나가다 보면 아이들이 서로 이렇게 이야기하기 시작합니다.

"네가 먼저 할래? 그다음에 내가 할게."

서로 협동하며 즐겁게 요리하는 과정을 통해 혼자인 게 편하다고 했던, 자기가 모든 걸 다 하고 싶고 갖고 싶어 했던 아이들이 자연스럽게 양보하고 배려하는 모습으로 바뀌는 모습이 참 감동적일 때가 많은데요. 그렇게 변화, 발전해가는 아이들을 보면서 강요가 아닌 스스로 깨우치는 교육이 중요함을 다시 한번 깨닫게 됩니다.

아이들이 자기 혼자만 원하는 결과를 얻는 것에 집중하는 자기중심적인 교육이 아닌 같이 함께 더불어 하는 것이 모두가 즐거운 것이라는 경험을 쌓아가는 섭리지향적인 교육을 통해 양보와 배려가 나에게도 좋고 친구에게도 좋고 선생님을 비롯한 우리 모두에게 좋다는 트리플 윈(Triple Win)의 사고를 일상에서 자연스럽게 체득해 나가기를 바랍니다.

에피소드 53

들어주는 것만으로도

아이들과 수학 문제를 같이 풀다 보면 예전에 나는 왜 이런 생각을 안 해 봤을까 싶을 때가 종종 있습니다.

주로 수학 개념과 문제에 대한 아이들의 불만인데요.

예제 1) 더해야 하는데 실수로 뺐다. 올바로 계산한 값은?

"다른 사람이 실수로 잘못 계산한 걸 왜 제가 고쳐줘야 하나요?"

예제 2) 종이가 찢어져서 자료가 보이지 않는다. 여기에 맞는 자료는?

"도대체! 누가 종이를 찢은 건가요?:: 그 사람이 해결해야지 왜 제가..."

예제 3) 필요충분조건이란...

"왜 필요충분조건이라고만 해야 하나요? 충분필요조건이라고 하면 안 되나요?"

예제 4) 소금물의 농도를 구하시오.

"설탕물, 꿀물도 아니고 왜 하필 잘 먹지도 않는 소금물인가요?"

들어보면 어느 정도 공감이 갑니다. 밝은 점을 먼저 본다면, 비판적으로 사고하는 능력도 중요한 역량이니 문제 자체에 의문점을 갖는 건 참 훌륭한 일이라고 생각합니다.

문제는 공부가 하기 싫어서 이런 말을 할 때가 많다는 건데요. 그럴 땐 저도 경청하고 공감하며 아이들의 편을 들어줍니다.

"그러게~ 듣고 보니 일리가 있다! 왜 우리가 풀어야 하지?"

"나도 그런 생각은 못해봤는데 대단한걸?"

그렇게 이야기하다 보면 아이들도 차츰 마음이 후련해지고 답답함이 좀 사라지는지 문제를 풀 마음이 좀 더 생기는데요.

경청과 공감만으로도 아이들이 오히려 마음을 열고 문제를 푸는 것을 보면서 어른, 아이 상관없이 자신의 생각을 스스로가 인정·존중·배려해 주고 상대방의 생각 역시 자신의 생각만큼 인정·존중·배려해 주는 교류·공감·소통이 문제 풀이보다 더 중요한 교육이라는 확신이 듭니다.

에피소드 54

아이들은
수학공식이 아니다!

온라인 수업을 하는 학생 중 얽매이는 걸 싫어하고 자유분방한 아이가 있습니다.

"선생님, 태블릿 충전을 못 해서요. 좀 늦을 것 같아요."

"선생님~ 오늘 수업이었나요? 깜박했습니다."

"다른 거 할 게 많아서 숙제를 못 했어요."

"(쉬는 시간에) 배가 고파서 밥 먹고 오느라 좀 늦었습니다."

그럴 때마다 즐거운 안내와 충만한 끈기로 다음부턴 제시간에 들어오고 숙제를 꼭 해오면 좋겠다고 얘기합니다. 기준과 원칙에 입각하여 아이가 기본에 충실하고 약속을 잘 지키도록 가이드 해주는 것이 참 중요하니까요.

그런데 시간이 지남에 따라 아이가 조금씩 바뀌는 것을 보게 되었습니다.

긴 시간이 흐르는 동안 수업에 늦을 것 같으면 미리 **"선생님, 오늘은 좀 늦을 것 같습니다."** 라고 얘기해 주기도 하고 수업에 늦게 들어오면 **"죄송합니다."** 라고 말하며 평소보다 더 집중해서 공부하는 모습을 보이기도 했고요. 때론 오늘은 좀 늦었으니 쉬는 시간 없이 계속해 보자고 하면 **"네, 알겠습니다."** 라고 흔쾌히 대답했습니다. 그런 아이를 보니 문득 이런 생각이 들었습니다.

온라인 수업에 모든 아이들이 정시에 들어오기를 바라는 마음, 숙제는 항상 다 풀어 와야 한다는 생각, '이 문제를 충분히 풀 수 있는데 왜 못 풀까?'라는 생각은 마치 수학 공식처럼, 모든 아이들에게 이렇게 얘기하면 반드시 이렇게 되어야 한다는 나의 고정관념에서 비롯된 거라고요.

좀 더 자유분방한 아이에게는 즐거운 인내와 충만한 끈기로 좀 더 유연성을 발휘하며 차근차근 아이가 기본에 충실할 수 있도록 기다려 줄 필요가 있는데 '내가 너무 이래야만 한다는 기준과 잣대로 아이들을 바라본 건 아닐까?'라는 성찰, 탐구를 하게 되었습니다.

아이의 자유분방함을 이해하고 수용하고 포용해 주려고 노력하다보니, 예전에는 문제가 어렵다고 항상 투덜대거나 금방 포기했던 아이가 지금은 어려운 문제를 접해도 "좀 더 해볼게요."라고 얘기하거나 더 적극적으로 질문합니다. 그런 모습을 보며 여유와 넉넉함으로 각각 다른 아이들의 다양성을 인정·존중·배려하는 교육이 참 중요하다는 생각을 다시금 해봅니다.

모든 것이 빠르게 변하는 시대에 다른 사람들처럼 하지 않으면 뒤쳐질 것 같은 불안감과 무조건 어른들이 얘기하는 대로 해야만 한다고 믿고 자랐던 학창 시절의 경험 때문에 지금 아이들까지 마치 수학 공식처럼 이래야만 한다고 보게 된 건 아니었을지 지난날의 경험들을 한번 돌아보게 됩니다. 무엇보다도 뭐든 완벽하게 잘 해내려는 마음과 그러기 위해서는 반드시 이렇게 되어야만 한다는 사고 역시도 이와 무관하지 않음을 직시하게 되고요.

모든 아이들을 수학 공식처럼 바라본 지난 시절들과 완벽하게 잘하려는 마음 때문에 매사 이래야만 한다는 생각이 강한 자신의 성향을 있는 그대로 직시하고 인정하고 뛰어넘어볼까 합니다.

에피소드54 아이들은 수학공식이 아니다!

에피소드 55

아이들도 스스로 납득하는 과정이 필요하다

최근 온라인 수업을 하는 아이들 모두에게 페르미의 추정 문제를 내주었습니다.

*페르미의 추정이란?
기초적인 지식과 논리적인 추론으로 근사치를 추정하는 방법 (출처: 위키백과)

페르미의 추정 문제는 주로 기업 채용 면접이나 대입 면접 등에서 자주 등장하는 문제인데요. 예를 들면 골프공 표면에 있는 구멍의 개수가 몇 개인지 물어보는 질문은 정확한 개수를 알고 있는지 그 지식수준(정답, 결과)을 묻는 게 아니라 얼마나 체계·논리·합리적인 사고를 통해 답을 추론하는지(문제해결력, 과정)를 보는 데 그 목적이 있습니다.

아이들이 수학을 자신의 삶의 문제로 받아들이고 결과가 아닌 체계·논리·합리적인 사고의 과정에 집중하는 계기를 마련하기 위해 아래와 같은 문제를 내주었는데요.

'삼다수 페트병에는 방울토마토가 몇 개 들어갈까?'

물론 나름의 추론으로 수식을 적어가며 푼 아이들도 있었는데요. 대부분은 선생님들이 기대했던 반응이 아닌 예상외의 기발한(?) 답변을 하였습니다.

'0개! 왜냐하면 입구에서 막힘!'
'삼다수 페트병 크기가 여러 개라서 명확하지 않아 풀 수 없음!'
'방울토마토의 크기가 여러 개라서 계산 불가!'
'방울토마토가 집에 없어서 풀 수 없음!'

이런 답변을 한 아이들이 있는가 하면

'토마토를 직육면체로 만든다!'
'2L짜리 페트병을 2cm만 남기고 자른 다음에 방울토마토를 담는다.'

와 같이 틀을 깨는 답변도 있었습니다.

Q1. 삼다수 페트병에 방울토마토가 몇 개 들어갈까?

0개

이유: 입구에서 막힘.

 물론 문제를 풀기 싫어서 핑계를 대고 변명을 하다 보니 이런 주장을 펼치기도 했겠지만 그런 과정을 통해 아이들은 수학을 현실 문제로 받아들이고 있었습니다. 무엇보다 페르미의 추정 문제를 통해 교류·공감·소통하면서 아이들은 스스로가 수학을 왜 배워야 하는지, 이런 문제를 왜 풀어야 하는지 이해하고 수용하고 포용해가고 있었습니다.

'아이들도 스스로 납득하기 위한 과정이 필요하고 그 과정에서 배우는 게 있구나!'

아이들과 즐겁게 소통할 뿐만 아니라 다른 선생님들과도 아이들의 답변에 대해 즐겁게 얘기하면서 다시 한번 결과가 아닌 과정 자체가 중요함을 깨우치게 되었는데요.

아이들의 답변이 정답 혹은 선생님이 의도한 답이 아닐 수 있지만 아이들의 시행착오의 과정들은 결국 스스로 납득하고 마음을 내어 주체·주도·자율적으로 공부를 하는 계기가 될 것입니다. 그러한 계기들이 쌓이고 모이고 응집되어 아이 자신이 자기 삶의 주인이 되는 길을 만들고 자신만의 인생의 정답을 찾아 나갈 것이라 믿습니다.

에피소드 56

길게 보면

10년이 넘는 시간 동안 아이들과 함께 수학을 공부하며 생긴 믿음이 있습니다.

5년 전에는 반갑게 인사해도 인사를 잘 받아주지 않고 인사도 잘 안 했던 아이, 4년 전에는 갑자기 기분이 안 좋다며 수업 중에 집에 가버리기도 했던 그 아이와 지금까지 5년이라는 시간을 같이 함께 더불어 수업하고 있는데요.

얼마 전, 수업 시간에 그 아이가 이런 이야기를 했습니다.

"제가 초등학교 4학년 때 왜 그랬을까요?"

"오늘 학교에서 힘든 일이 있었는데요. 이렇게라도 얘기하면서 한 번 웃어야죠. 하하하"

또 문제를 푸는 걸 힘들어하기에 '많이 힘들면 같이 한번 풀어볼까?'라고 했는데 아이의 대답이 참 감동적이었습니다.

"쫌만 더 해볼게요."

다른 아이들도 마찬가지인데요. 몇 년 전에는 숙제를 줘도 일부러 두고 가기도 하고 수업 때 참 말을 안 듣던 아이들이, 몇 년 후 어머니들에게 "엄마, 그때 제가 왜 그랬을까요?"라고 얘기한다는 말을 전해 듣습니다. 당시에는 참 답답하고 아이가 어떻게 자랄지 걱정이 많았는데, 스스로 배우고 익히고 깨우쳐 성장하면서 변화하는 모습을 보며 '길게 보면 결국 아이들은 자신만의 길을 잘 찾아가는구나!'라는 믿음이 생겼습니다.

아이들은 아직 모든 면에서 성인보다 덜 발달했고 배워야 할 점이 더 많습니다. 따라서 이래야 한다, 저래야 한다는 말이 어린아이들에게 받아들여지려면 당연히 어른들이 생각하는 것보다 시간과 노력이 훨씬 많이 필요한데요. 어쩌면 어른들은 아이에게 이렇게 말하면 바로 말한 대로 되어야 한다는 어른의 관점과 기준에서 아이들을 바라보고 교육하는 건 아닐까요.

결국엔 아이가 어떻게든 자기다운 삶을 찾아가리라는 굳건한 자기 믿음을 바탕으로, 즐거운 인내와 충만한 끈기를 발휘하며 아이들과 동고동락, 동병상련으로 같이 함께 더불어 하는 것이 교육에 있어 참 중요하다는 생각을 다시 한번 하게 되네요.

에피소드56 길게 보면

에피소드 57

도대체 방에서 뭘 하는지…

"도대체 방에서 뭘 하는지 문을 잠그고 나오지를 않아요."

학부모 상담을 하다 보면 종종 듣는 얘기입니다.

그런 얘기를 들으면 저 역시 학창 시절에 방문을 잠그고 부모님과 소통하고 싶지 않았던 기억이 떠오릅니다.

'그때 왜 그랬을까?'를 돌아보니 인정욕구와 반항심이지 않았나 싶습니다.

그 누구보다 잘하고 싶고 그러기 위해 나름 노력도 하고 있고 계획도 있는데, 계획만큼 실천되지 않아서 스스로도 답답한데, 그걸 알아주고 기다려주기보다는 '이래야 한다!'라고 강요만 받는 기분이랄까요?

말은 거창하게 했지만, 아직 어리다 보니 실천이 서툴렀을 뿐인데 자신의 마음은 알아주지 않고 제대로 실천하지 못한 부분만 크게 보는 부모님이 원망스러워 방문을 잠그며 나름의 반항을 했던 거죠.

결국 문을 닫으며 마음의 문도 닫고 싶었던 게 아닐까 싶습니다.

돌이켜 보니 그런 과거의 자신이 원했던 건 결국 '나를 믿어주고 기다려 주는 것'이었습니다.

예전 학창 시절을 돌아보며 역지사지를 해 보니, 부모의 계획에 자녀를 맞추기보다 자녀가 지금의 시행착오를 통해 좀 더 성장하고 변화, 발전할 수 있도록 격려, 칭찬해 주고 경청, 공감해 주는 것이 참 중요하다는 생각이 드는데요.

그 역시 말이 쉽지 실천하기가 참 어렵죠.

왜 어려울까요?

대표적인 이유는 바로 자신과 아이의 미래에 대한 불안함과 두려움 때문이라고 봅니다.

그러다 보니 조급해지고 다그치게 되고 그럴수록 아이와 소통이 점점 어려워지는 것이죠.

이제부터라도 불안함과 두려움을 동기로 자녀와 소통하기보다는 좀 더 아이를 위한 순수한 마음으로 자기 자신과 아이를 믿고 서로 간의 신뢰를 차근차근 쌓아 나가보면 어떨까요?

에피소드57 도대체 방에서 뭘 하는지...

에피소드 58

감초는 몸에 좋지만 ○○은 세상에 좋다

그림 그리기를 좋아하는 중학교 1학년 아이와 수업을 하던 중 어쩌다 잠시 캐릭터에 대해 얘기하는 시간을 가졌는데요.

"선생님~ 제가 직접 만든 캐릭터가 있는데요. 보여드릴까요?"

(그림을 본 후)

"오~ 귀엽게 생겼네. 근데 캐릭터 이름이 뭐야?"
"제가 만든 캐릭터 이름은 ○○예요. 생김새가 감자같이 생겼고요. 제가 평소에 쓰는 닉네임이랑 결합해서 이름을 그렇게 지어봤어요."
"캐릭터 이름이 독특해서 재미있구나! 그런데 한약에 쓰이는 '감초'

라는 약재와 발음이 비슷한데?"

"감초가 뭐예요?"

"응~ '약방에 감초'라는 말이 있는데 감초는 대부분의 약재와 잘 어울려서 어떤 탕약을 만들더라도 거의 빠지지 않는 약재란다."

"음... 그러면 감초는 몸에 좋지만, ○○은 세상에 좋다!"

아이의 얘기에 순간 감동이 일어났습니다. 아마도 아이의 순수한 마음에 제 마음이 자연스럽게 반응한 게 아닐까 싶은데요.

아이가 평소에 세상을 이롭게 하고자 하는 마음을 품고 사니 자신의 캐릭터에 그 마음이 표출된 것이라 느껴져 속으로 이렇게 기원했습니다.

'그 마음이 어른이 되어서도 한결같기를 바랄게~.'

아이와 서로 즐겁게 교류하고 공감하고 소통하며 저도 같이 순수해지는 시간이 되었는데요. 아이의 순수한 동심이 세상을 밝히는 선한 영향력으로 이어지길 진심으로 응원합니다!

에피소드 59

저 뭐 달라진 점 없어요?

얼마 전 온라인 수업을 마치고 학생에게 평소처럼 다음 시간에 보자고 하니 그 학생이 이렇게 얘기하였습니다.

"선생님, 수고하셨습니다~"

그 말에 순간 마음이 뭉클해졌습니다.

지금까지 2년간 그 학생과 온라인 수업을 함께 하면서 한 번도 수고하셨다는 말을 듣지 못했거든요.

오히려 인사도 안 하고 가버리는 경우가 자주 있어서 "그래도 끝나면 인사는 하고 가야 하지 않겠니?"라고 얘기할 정도였으니까요. 예의가 없는 학생은 아닌데 쑥스러워 그랬는지 아무튼 인사도 하지 않고 가기 일쑤였습니다. 그런 아이를 그 자체로 인정·존중·배려하고 기다려주기로 마음먹은 후로는 별 이야기를 하지 않았는데요.

그래서인지 '드디어 이 아이가 스스로 변화하고 발전했구나'라는 생각에 내심 기쁘고 감동이 일었지만 너무 티를 내면 아이가 쑥스러워 또 안 할 것 같아서 평소처럼 담담하게 "그래, 고생했다. 잘 가렴~." 이라고만 대답했습니다.

그랬더니 그 학생이 방을 나가지 않고 저에게 다시 물었습니다.

"선생님, 오늘 저 뭐 달라진 거 없어요?"

그래서 모르는 척 "뭔데?"라고 물으니 그 학생이 "오늘 제가 수고하셨다고 말씀드렸잖아요!"라고 먼저 얘기를 꺼냈습니다.

"그래! 사실은 그래서 살짝 감동받았어!"라고 하니 그제야 "네!" 하고 방을 나갔습니다.

이후 곰곰이 성찰, 탐구해 보니 인간관계에 있어 서로 예의를 지키는 것은 기본이지만 그것도 진심으로 마음에서 우러나와야 더욱 빛을 발할 수 있으니 그럴 때까지 기다려 주는 것도 참 좋은 방법이라는 생각이 들었습니다.

그렇게 오랜 시간 아이를 믿고 기다려준 자신을 격려, 칭찬해 주고 싶네요.

에피소드 60

초밥에서 단촛물이 필요한 이유

이번 주 온라인 수업에서는 아이들과 과일 초밥을 만들어보고 귀는 왜 2개일까? 눈은 왜 2개일까? 등에 대해 얘기하며 숫자 2에 대해 즐겁게 토론해 보았습니다. (초밥이 왜 숫자 2냐고요? 밥과 과일이 한 세트여야 초밥이 되니까요.)

'과일 초밥? 맛있을까?'라며 조합에 의문을 가지실 수도 있겠는데요.

저도 처음엔 그랬습니다. '과연 맛이 있을까?'

그래서 수업 전 미리 요리해서 먹어보려고 레시피를 찾아보니 단촛물을 만들어야 해서 난생처음으로 단촛물을 만들어 보았습니다.

그간 다른 초밥들을 먹어본 경험으로 처음에는 '밥이랑 위에 올라간 것만 맛있으면 됐지, 굳이 단촛물까지 만들 필요가 있을까?'라고 생각했습니다. 그래도 수업을 준비하면서 키트도 보내드려야 하니까 한번 만들어보자 싶어서 단촛물로 과일 초밥을 만들었습니다.

직접 만들어 먹어보니 '의외로 맛있는데? 이 정도면 아이들도 좋아하겠다.'(특히 키위 초밥)라는 생각이 들며 좀 더 자신감이 생겼는데요.

실제 수업 때도 아이들 그리고 부모님들 모두 과일 초밥이 맛있다며 즐겁게 수업을 하게 돼서 참 좋았습니다.

그런데 수업을 마치고 곰곰이 생각해 보니 '과일 초밥이 맛있었던 건 바로 단촛물 때문이 아니었을까?'싶었는데요.

과일과 밥이라는 어색한 두 음식이 만나서 서로가 잘 어울릴 수 있도록 가교와 완충을 해주는 일종의 주선자였구나라는 깨우침이 있었습니다.

별것 아닌 듯했던 단촛물이 새삼 대단해 보이며 중간에서 조율하고 가교하며 조화롭게 어울릴 수 있게 하는 모든 것들에 감사하는 마음이 일어났습니다.

그러고 보니 선생님도 가교와 완충력으로 아이와 공부가 서로 친하게 지낼 수 있도록 하는 일종의 주선자가 아닐까요.

에피소드 61

대한민국에서 학생으로 산다는 건 참 힘든 것 같아요.

"대한민국에서 학생으로 산다는 건 참 힘든 것 같아요."

이제 중학교 1학년인 아이가 수업 시간에 한 말에 가슴이 먹먹해집니다. 공부도 잘하는 편이고 말도 참 잘 듣는 아이인데도 말이죠.

제가 학창 시절 때 했던 고뇌를 몇십 년이 지난 지금의 아이들도 여전히 하고 있음을 다시 한번 상기하며 안타깝고 미안한 수업 시간이었습니다.

"주기율표를 왜 외워야 하나요?"

집에서 차로 1시간이나 떨어진 거리에 있는 유명한 학원에 가서 왜 외워야 하는지도 모르는 주기율표를 외우는 아이의 심정을 우리는 언제쯤 진정으로 공감하며 이해할 수 있을까요? 아이들에게 그게 왜 필요한지 스스로 깨우치며 자연스레 납득하도록 하는 데 중심을 두는 교육을 하면 왜 안 되는 걸까요?

아이가 지혜롭게 세상을 살아가는 데 꼭 필요한 것들을 스스로 납득하는 과정을 통해 배우고 익히면서 자신의 꿈을 펼칠 수 있는 다양한 기회를 얻는 교육!

그런 교육이 그저 말뿐이거나 이상적인 꿈으로 끝나지 않고 누구나 누릴 수 있는 시기가 오도록 좀 더 노력해야겠다는 의지를 다시 한번 일으켜 봅니다!!!

에피소드 62

선생님과 학생의 역할을 바꾸니 보이는 것들

"다 풀었니?"
"네!"

"그러면 이번엔 내가 학생이 되어볼 테니까 ○○이가 선생님이 돼서 학생에게 문제를 어떻게 풀었는지 설명해 줄래요?"

아이가 순간 당황하길래~ 역할극을 해보자고 마음먹었습니다. "선생님, 이거 어떻게 푸는 거예요?" 제가 학생 역할을 자처하며 질문하니, 아이도 차츰 상황에 몰입하여 자기가 선생님이라고 생각하며 문제를 설명했습니다. 설명을 경청하면서 이해가 잘 된다고 하니 아이가 제게 말합니다.

"훌륭해요!"

그 말에 크게 웃고 말았습니다. 그런데 훌륭하다는 말을 듣는 순간 왠지 기분이 좋아지면서 뿌듯함이 일어나 뭐든 잘 할 수 있겠다는 자신감이 생겼는데요.

'아이가 선생님에게 칭찬을 듣는 건 이런 기분이구나!', '아이들이 틀리더라도 노력한 과정을 자주 격려, 칭찬해 주는 것이 참으로 중요하구나!'를 새삼 느꼈습니다.

또한, 평소 아이에게 어떻게 얘기하는지도 중요하다는 생각이 들었는데요. 제가 평소에 멋지다, 훌륭하다, 고생했다라는 말을 아이들에게 자주 해주다 보니 학생도 부지불식간에 영향을 받아 저도 그 학생에게 그런 칭찬을 들을 수 있었던 게 아닐까 싶었습니다. 이를 통해 교육하는 존재가 어떤 가치관과 관점을 가지고 어떻게 말과 행동을 하는지가 정말 중요함을 자각하게 되었고 그러면서 말 한마디 한마디가 교육의 일부라는 사실을 다시금 인식하게 되었는데요.

결국 배우는 과정에서 서로 교류·공감·소통하며 일어나는 모든 게 교육이라는 깨우침이 일어나며 상대방의 입장에서 서로의 마음을 헤아릴 수 있었던 참 즐거운 수업 시간이 되었습니다.

에피소드 63

아이를 보면 답답해요.

"잘하고 있습니다!"

학부모 상담 때 아이가 잘하고 있다고 말씀드리면 부모님들은 이렇게 답하는 경우가 많습니다.

"정말 그런가요?"
"말은 잘하겠다고, 열심히 하겠다고 하는데 정작 하루 종일 유튜브만 보고 있으니 답답해요!"

그 말씀에 공감이 갑니다. 참 어려운 일이죠. 그런데 사실 자신의 계획과 바람대로 실천하는 건 어른들도 힘든 일인데 아이들은 오죽

할까 싶습니다. 그런 관점에서 **"부모님이 자녀보다는 자신을 먼저 바라보는데 집중하시면 어떨까요?"** 라고 말씀드려 보았습니다.

상대방이 이랬으면 하는 마음 역시 '남 탓'일 수 있으니, 아이의 답답한 모습에 집중하기보다는 부모가 자기 자신에게 먼저 집중하고 자신부터 변하려고 하는 것이 더 중요하다는 말씀을 드렸는데요. 자신에게 집중하고 자신에게 충실함으로써 생기는 여유가 아이에게 전해지도록 솔선수범해 보면 어떻겠냐는 쪽으로 말씀드리니 감사하게도 깊이 공감하시고 실천해 보겠다고 하셨습니다.

다음 달 상담을 다시 했는데요. 집에서 같이 책 읽는 시간을 정하기로 아이들과 약속하고 그 시간에 어머님이 먼저 책을 보니 아이들이 자연스럽게 따라오더라는 말씀이 참 감동적으로 다가왔습니다.

같이 함께 더불어 함에 있어 동고동락, 동병상련의 마음을 바탕으로 자신에게 먼저 충실하며 상대방을 배려하는 것이 자신의 변화를 통해 상대방을 변화시키는 탁월한 방법이 아닐까요. 그런 믿음이 더욱 굳건해지며 모든 문제는 결국 자기 자신에게서부터 풀어나가야 함을 다시 한번 깨우친 시간이었습니다.

에피소드 64

친구들과
잘 어울렸으면 좋겠어요.

"우리 아이가 친구들과도 잘 어울렸으면 좋겠어요."

학부모 상담을 하면 자주 듣는 이야기입니다. '어떻게 하면 주변과 조화를 이루며 행복하게 살아갈 수 있을까?'라는 질문은 같이 함께 더불어 살아가는 세상에서 우리가 늘 하는 고민입니다. 자녀교육에 있어서도 아이가 친구들과 조화롭게 어울리며 행복하기를 바라는 것은 모든 부모님들의 공통된 마음일 테고요.

조화로움이란, 나도 좋고 상대방도 좋고 우리 모두가 좋을 수 있는 '트리플 윈'을 바탕으로 하는데요. 조화로움을 이루기 위해서는 무엇보다 먼저 자기 자신과의 조화에서부터 시작하는 것이 중요합니다.

부모가 자기 자신과 진솔하게 소통하며 스스로 조화롭게 되면 여유와 넉넉함으로 아이를 바라보게 되고 자연스레 아이의 밝은 점부터 먼저 보려고 하게 됩니다. 그러면 아이에게도 여유와 넉넉함이 생겨나고 아이 역시 자기사랑을 바탕으로 자신과 진솔하게 소통할 여유를 가지며 다른 아이들에게 좀 더 여유와 넉넉함으로 대할 수 있는 힘이 생길 테고요.

이렇게 부모와 아이가 각자 자기 자신과 조화롭게 소통하는 것을 바탕으로 가정에서부터 서로를 인정·존중·배려하며 성장해 나간다면 모두가 조화로운 세상을 만들어 나갈 수 있지 않을까 싶습니다.

쉽지 않은 일이지요. 그래서 자신을 먼저 사랑하고 그런 만큼 아이를 사랑하는 부모의 밝은 습관이 아이에게 자연스럽게 베어들 수 있게끔 부모가 일상에서 아이와 같이 함께 더불어 하며 자기사랑을 바탕으로 한 여유와 넉넉함을 자주 발휘해 주시는 것이 참 중요한데요.

그러기 위해서는 먼저, 내 기준대로 아이가 움직여주기를 바라는 마음은 잠시 내려놓고 '아이가 어떤 이유로 이러는지 한번 들어주고 물어보자'라는 역지사지의 관점으로 아이와 교류·공감·소통하려는 의식적인 노력도 참 중요합니다. 이러한 노력이 작고 소소한 부분부터 쌓이고 모이고 응집된다면 아이도 자연스럽게 주변 친구들과 비슷한 과정을 거치며 좀 더 조화롭게 성장할 수 있으리라 믿습니다.

우리 모두 자기사랑을 바탕으로 나도 좋고 상대방도 좋고 우리 모두가 좋을 수 있는 트리플 윈을 이루어가는 하루하루가 되기를 바랍니다.

에피소드 65

선생님은 너무 착해요.

예전에 아이들에게 자주 듣던 말이 있었습니다.

"선생님은 너무 착하세요!"
"애들 이야기를 너무 다 들어주시지 않아도 돼요."

그런 이야기를 들을 때마다 그런가 싶으면서도 '아이들이 모르는 것 같아도 다 알고 느끼며 선생님을 판단하고 있구나'라는 생각이 들었습니다. 때로는 다른 아이들의 쓸데없는 이야기까지 다 들어주는 선생님이 답답하기도 했나 싶은데요.

사실 아이들에게 수학을 가르치기 시작한 건, 힘들게 학교 공부를 하며 늘 지쳐 있는 아이들에게 좀 너 밝고 즐겁게 공부하게끔 도와주고 싶었던 마음에서 비롯되었습니다. 그러다 보니 아이들이 이렇게 저렇게 풀어내는 모든 이야기들을 잘 들어주려고 노력했는데, 그러한 모습이 아이들에게는 좋으면서도 때로는 답답하게 다가왔나 봅니다.

아이들의 그런 말이 세월이 지나며 조금씩 잦아든 걸 보면 지난 10년간 아이들과 같이 함께 더불어 하며 저 역시 많은 공부를 한 게 아닐까 싶은데요. 뭐든 어느 한쪽으로 치우치기보다 중도와 중용의 묘리를 잘 살려서 아이들에게 휘둘리는 '순진한' 선생님이 아닌 때론 화도 내고 때론 다독여 주며 아이들을 쥐락펴락 할 수 있는 '순수한' 선생님으로 발전해 온 과정이 아니었나 싶습니다.

날이 늘 화창할 수만은 없고 때론 천둥이 치고 번개가 치는 현상 역시 자연의 순리인 것처럼, 때론 화도 내고 때론 풀어줄 줄도 아는 순수하면서도 물처럼 유연한 선생님이 되고자 오늘도 굳건한 의지를 바로 세워봅니다.

에피소드 66

저 서운한 게 있어요.

"선생님 저 서운한 게 있어요."

"그래, 얘기해 보렴."

"선생님은 왜 ○○만 봐주시는 거예요? 저보다 더 떠들고 같이 놀리는 데도요."

아이의 그 말에 깜짝 놀랐습니다.

아이들을 그렇게 대했다고 생각해 본 적이 없었기에 더욱 놀랐는데요.

'내가 말 잘 듣는 모범생들을 좋아하는 게 알게 모르게 다 드러난 거구나!' 물론 아이도 자기 자신의 말과 행동을 돌아볼 필요가 있었지만 그래도 아이의 얘기가 저에게는 참 놀라웠고 충격적이었습니다.

'늘 아이들을 똑같이 대한다고 생각했는데 부지불식간에 아이들을 선입관과 편견으로 대하면서 그로 인해 아이들끼리 서로 마음 상하기도 하고 때로는 시기와 질투까지 불러일으켰구나.' 그 모든 게 선생님인 제 자신에서부터 시작되었다고 생각하니 부끄러운 마음이 들었습니다.

좋은 학생이란 이런 학생이라는 선입견과 편견, 좋은 게 좋은 것이라는 애매모호한 마음을 내려놓고 정심정도·공명정대·공평무사하게 아이들을 대하는 것이 참 중요함을 아이의 진솔한 이야기를 통해 배웠습니다.

그런 배움을 준 아이에게 고맙고 감사한 마음을 전하며 다시 한 번 되새겨 봅니다.

'정심정도·공명정대·공평무사!'

에피소드 67

제가 한턱 쏠게요~

"오늘은 제가 쏠게요!"

"프로젝트 수업이 끝난 날 저녁에 우리 아이가 오늘 번 돈으로 한턱 쏘겠다며 저렇게 말하더라고요."

아이들과 팀을 꾸려 2달간 '제품 판매 프로젝트' 수업을 진행했습니다. 실제로 시장에 가서 자기들이 만든 물건을 팔고 그 수익을 모두 아이들이 갖도록 해보았는데요. 아이들 모두 신이 났고 그중에 한 아이가 집에서 한턱 쐈다는 이야기를 아이어머니를 통해 들었습니다.

에피소드67 제가 한턱 쏠게요~

어릴 때 직접 제품을 기획하고 가격을 매기고 실제로 나가서 판매해 보는 경험이 아이의 삶에 큰 자양분이 될 거란 생각까지는 했지만 가정에도 즐거움이 될 줄은 예상하지 못해서 더 감동적이었습니다.

생활 속 수학 프로젝트가 자신이 땀 흘려 돈을 번 소중한 경험이 되고 가족을 챙기는 따뜻한 마음으로 이어지는 모습을 보면서 수학이 참 따뜻한 학문임을 다시 한번 느낍니다.

에피소드 68

회사 생활 쉽네~

"누가 사장할래?"

"선생님, 회사에서 팀장은 뭐 하는 거예요?"

아이들과 제품 판매 프로젝트를 하면서 회사도 만들고 직위도 각자 정해서 자기만의 역할을 맡아보는 시간을 가졌습니다. 회사 이름(회사명: Good things)도 짓고 모토(좋은 제품을 만들고 고객을 배신하지 않는다!)도 정해보며 각자 자신만의 직위를 가지고 회사를 운영해 보니 재미있는 일들이 생겼습니다.

누구든 다 사장을 하고 싶어 할 줄 알았는데 의외로(?) 그런 일은 일어나지 않았습니다. 오히려, 각자 자신이 어떤 직위를 맡을지 고민하며 이런저런 질문을 많이 했는데요. 아마도 역할에 따른 권한·책임·의무가 있기 때문에 사장이라고 마냥 좋지도 않고 팀원이라고 해서 마냥 힘들기만 한 게 아니라는 걸 눈치챘나 봅니다.

이후 회의를 통해 기획안도 발표해 보고 제품 제작 및 판매, 홍보까지 준비해 보면서 아이들은 각자 자리에 맞는 자신만의 역할이 있음을 자연스레 체득합니다. 굳이 선생님이 뭐라 하지 않아도 서로 자신의 역할을 잘 할 수 있도록 대화하는 모습을 보면서 자신의 역할을 잘 알고 서로의 역할을 인정·존중·배려하는 것이 곧 조화롭게 어울릴 수 있는 토대임을 깨우칩니다.

그런 과정에서 아이가 **"회사 생활 쉽네~~"**라고 표현을 했는데요. 자신감 있는 표현이 더 멋져 보였고 아이가 앞으로 성장하며 세상 속에서 주변과 조화롭게 어울릴 수 있는 또 하나의 자양분이 된 것 같아 보람이 느껴졌습니다.

에피소드 69

형이 하는 건 다 따라 하고 싶어 하더라고요.

부모 상담 때 한 어머니는 아이가 수업 시간에 잘 따라가는지에 대해 얘기하다가 이런 말을 하셨습니다.

"우리 아이는 OO 형이 하는 건 다 따라서 하고 싶어 해요."
"형이랑 나이 차가 많이 나는데도 형을 이기고 싶어 하고 형을 이기면 뿌듯해하고요."

그 아이는 초등학교 6학년이고 같이 수업을 듣는 형은 중학교 2학년이었는데요. 사실, 요즘 교육에서 초등학교 6학년 학생과 중학교 2학년 학생이 함께 수업을 듣는 건 흔하지 않죠. 그럼에도 불구하고 같이 무언가를 만들고 미션을 수행하는 수업을 혼합연령으로 진행하는 이유는 그로 인해 생기는(같은 연령끼리만 있을 때는 경험할 수 없는) **시너지 효과** 때문입니다.

동생은 형, 오빠, 언니 또는 누나를 닮고 싶어 합니다. 그래서 자연스럽게 따라 하다가 배우는 부분이 있는데요. 반면에 형, 오빠, 언니 또는 누나는 동생을 챙겨주고 가르쳐 주면서 자기가 배운 걸 더 공고하게 다지고 무엇보다 가르치는 보람을 느끼게 됩니다.

모든 교육을 혼합연령으로 할 수는 없겠지만 일부 수업은 학년별로 나눠진 교육 시스템의 벽을 넘어 서로 밀어주고 끌어주며 배울 수 있는 혼합연령 수업으로 할 필요가 있다고 생각하는데요. 아이들 배움의 폭을 더 넓히고 세상을 좀 더 조화롭게 만들어가는 하나의 방법이 아닐까 싶습니다.

결국 교육의 가치를 성적에만 두지 않고 어른들이 조금만 더 여유와 넉넉함을 가진다면 수학 교육도 얼마든지 혼합연령 수업이 가능함을 10여 년간의 수학 교육을 통해 확신하게 되는데요. 요즘 같은 1가구 1자녀 시대에 다양한 연령대의 아이들이 서로 어우러지는 교육이 좀 더 많이 **보편화·일반화·평범화**되기를 진심으로 바랍니다!

에피소드 70

학교급식 때문에
못할 것 같은데 어떡하죠?

"얘들아, 한 사람이 일주일에 한 번만 채식을 해도 1년에 나무 15그루를 심는 효과가 있대! 일주일에 한 번이면 정말 작고 소소하지만 그게 1년 동안 쌓이고 모이고 응집되면 엄청난 효과가 생기겠지? 우리도 작고 소소한 실천부터 하나씩 해보면 어떨까? 일주일에 한 번만이라도 자신의 건강과 지구의 건강을 위해 채식을 해보면 어때?"

"양치질할 때 물을 틀지 않고 컵을 사용해서 양치하면 한번 양치할 때마다 5L의 물이 절약된대. 하루에 3번이면 15L, 한 달이면 15L × 30 = 450L, 1년이면? 450 × 12 = 5,400L! 어마어마하지?"

이렇게 수학의 사칙연산을 통해 작은 숫자가 커지는 것을 보여주며 아주 작고 소소한 습관이 쌓이고 모이고 응집되면 얼마나 큰 효과가 생기는지를 얘기하면 아이들이 더 크게 납득합니다. 그러고 나서 작은 것부터 실천해야겠다고 마음먹는데요.

한 아이는 진지하게 듣고 고민하다가 이렇게 얘기하기도 했습니다.

"학교 급식 때문에 채식을 못 할 것 같은데 어떡하죠? 학교 급식이 매번 고기가 나와서 채식하기가 어렵겠어요."

아이의 이런 말 자체가 정말 채식을 일주일에 한 번씩 하려고 진지하게 고민했기 때문에 할 수 있는 얘기라는 생각에 절로 미소가 지어졌습니다.

"그렇구나~ 그러면 집에서라도 일주일에 한 번 도전해 볼까?"

다른 아이는 집에 가서 어떻게 얘기를 했는지 며칠 후 어머니와 상담하다 아이가 집에서 앞으로는 건강한 음식을 먹어야겠다고 얘기했다는 말을 전해 들었습니다.

나도 좋고 우리 가족도 좋고 지구 전체도 좋을 수 있는 길이 반드시 크고 거창한 방법으로만 가능한 건 아닌데요. 아주 작고 소소한 일상 속 실천으로도 가능하다는 걸 수학의 사칙연산으로 좀 더 설득력 있게 전달하면서 **수학이 세상 모두가 좋은 조화로운 세상을 만드는 데 이바지**할 수 있음을 다시 한번 체득한 시간이었습니다.

그럼 우리도 조화롭고 아름다운 자신, 우리, 그리고 세상을 위해 **아주 작고 소소한 실천부터 시작**해 보는 것은 어떨까요?

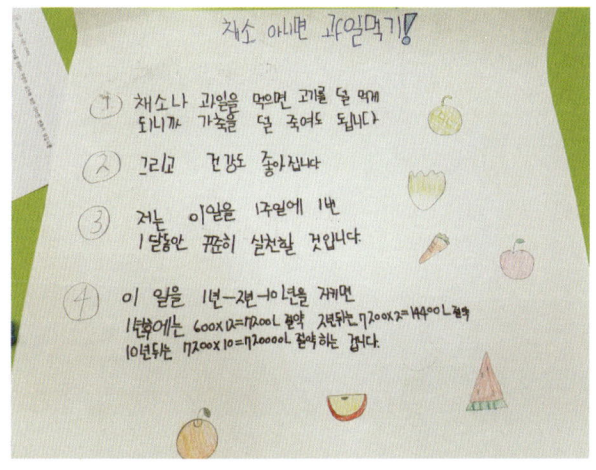

에피소드 71

학교 생활이 달라졌어요.

아이가 섭리수학에 두세 달 다닌 후, 부모님들과 상담해 보면 대부분 아이들이 요리도 좋아하고 수학도 좀 더 재미있어한다고 말씀하시는데요. 그중에서 인상적인 얘기가 하나 더 있습니다.

"학교생활이 달라졌어요. 학교에서도 친구들이랑 잘 어울리고 학교 다니는 것도 전보다 더 재미있어해요."

'섭리수학에서 요리를 하며 수학을 배우는데 학교생활이 왜 달라질까?' 곰곰이 성찰, 탐구해 보았습니다.

'요리를 하고 수학을 배우며 아이들이 밝아지는구나!', '아이들이 요리와 미션을 통해 성취감을 느끼며 자존감이 커지고 밝아져서 그러한 밝은 마음이 학교생활까지 긍정적인 영향을 주었겠구나.'라는 생각이 들었습니다.

학부모 상담을 할 때마다 아이들이 변화하는 이야기를 듣게 되면 결국 자신의 마음이 밝아지면서부터 주변과 조화가 시작됨을 새삼 깨우치게 되는데요. 학부모 상담을 할 때마다 아이가 밝고, 맑고, 찬란해지는 교육을 추구하며 그 길을 묵묵히 가는 선생님으로서 보람을 느낄 수 있어 참 좋습니다!

에피소드 72

협동하며 같이 함께 더불어 하는 이유를 배우는 아이들

경쟁이 무조건 나쁘고 협동이 무조건 좋은 건 아닙니다. 긍정적인 요소에 집중한다면 경쟁이 자신의 발전에 즐거운 자극이 되기도 하니까요. 다만 지금의 교육은 협동보다 경쟁의 비중이 훨씬 커서 안타깝습니다.

그래서 섭리수학의 모든 수업은 먼저 스스로 체득하며 깨우치게 하는 것을 기본으로, 공동 미션을 할 때는 때론 서로 경쟁하고 때론 서로 협동하는 방법에 균형감을 가지려고 노력하는데요.

"이건 네가 풀래? 이건 내가 풀게!"
(방탈출 미션 중)

"나는 책장을 찾아볼 때니 너는 냉장고를 찾아보렴."
(방탈출 미션 중)

"반죽을 하는 게 힘드니까 세 번씩 돌아가면서 한 명씩 해보자."
(요리로 하는 수학 수업 중)

"내가 네가 푸는 부분까지 도와줄게~."
(협동해서 정해진 시간 안에 문제 풀기 미션 중)

 협동하는 과정에서 아이들은 서로 역할을 나누고 부족한 점을 보완하면서 서로를 좀 더 잘 이해하게 됩니다.

 공동의 목표를 이루려면 자신이 잘하는 부분이 무엇인지, 상대방이 잘하는 부분이 무엇인지를 아는 게 중요한데요. 그러한 과정에서 아이들은 서로를 인정·존중·배려하고 이해·수용·포용하며 '친구가 있어 좋구나!' 혹은 '같이 하니까 훨씬 편하구나!'라는 것을 경험함으로써 같이 함께 더불어 하는 즐거움과 고마움을 알아갑니다.

 아이들이 협동을 통해 직접 부딪히고 깨우치며 주변과 조화를 이루는 법을 배워간다면, 그러한 과정을 통해 서로 더 즐겁게 어울릴 수 있는 장이 보다 자연스럽게 형성될 텐데요. 그것이 우리가 교육을 하고 교육을 받는 가장 중요한 이유 중 하나가 아닐까 싶습니다.

'조화'라는 궁극적 목표를 위해, 같지만 다르고 다르지만 또 같은 아이들이 때론 서로 선의의 경쟁도 하고 때론 공동의 목표를 이루기 위해 다양하게 어우러져 협동도 하는 어울림 한마당인 교육의 장이 지금보다 좀 더 크고 깊고 넓게 상승·확장·발전하기를 진심으로 기원합니다.

나, 너 그리고 우리 모두가 좋은(트리플 윈), 조화로운 세상을 만들어가기 위해서요!

에피소드72 협동하며 같이 함께 더불어 하는 이유를 배우는 아이들

에필로그

***

"○○아 오랜만이야! 그간 잘 지냈니?"

"네! 몇 년 만에 이렇게 통화를 하게 되네요."

"요즘 대학 생활은 어떠니?"

"다들 1학년 때부터 목표가 분명한 것 같고 열심히 사는 것 같아요. 그런 모습들을 보면 저도 더 열심히 해야 할 것 같다는 생각이 들어요."

"그렇구나! 이제 1학년인데 너무 불안해하고 걱정하기보다는 다시는 오지 않을 오늘 하루하루를 즐겁게 생활하면서 여유와 넉넉함을 가지고 차근차근해 나가도 좋을 것 같아. 화이팅!"

"네! 감사합니다."

"○○이가 섭리수학에 처음 온 게 중1 때였던 것 같은데 벌써 대학생이 되었다니 감회가 새롭구나. 예전에 여기서 공부할 때 생각이 나니?"

"쌤, 저 기억나는 게 하나 있어요! 제가 중2 때 수학 프로젝트를 하면서 물건을 팔 때 장소를 섭외하고 사람들에게 홍보를 하면서 거절당하기 미션을 했었잖아요. 그때는 그게 어찌나 부끄럽고 부담스럽고 하기가 싫던지, 너무 힘들어서 다른 친구들에게 시키기만 했었거든요. 근데 대학생이 된 지금 동아리 활동을 하고 있는데요. 장소 후원이 많이 필요해서 모르는 가게에 들어가서 후원 요청도 해야 하는 일이 자주 있어요. 근데 중학교 때 거기서 했던 거절당하기 미션 경험이 지금 활동에 큰 힘이 되더라니까요. 그런 경험이 없었으면 많이 주저하고 힘들어했을 텐데 예전 경험 덕분에 지금 잘 해내고 있거든요!"

"대단한데? 나는 그때의 성공했던 결과가 아닌, 부담스러워했고 부끄러워해서 실패했던 그때의 경험 자체가 지금의 삶에 도움이 되고 있다고 하니 너무 감동적이구나!"

"맞아요! 누가 중학교 때 그런 경험을 해봤겠어요!"

얼마 전 섭리수학에 몇 년간 다녔고 지금은 어엿한 대학생이 된 한 학생과 오랜만에 통화를 하게 되었습니다. 위의 대화를 나누며 크게 느낀 건 바로 무엇이 과정이고 무엇이 결과일지는 그 길을 가고 있을 때는 알 수 없다는 것!, '결국 성공과 실패가 중요한 것이 아닌 의지를 내고 마음을 내어 무언가 해보려고 시도했던 그 경험 자체가 자신의 삶의 공부에 큰 자양분이구나!'라는 사실이었습니다.

결국 10년이라는 시간 동안 섭리수학에서 밝아지는 수학교육을 통해 아이들 그리고 부모님들과 소통하며 가장 크게 깨우친 것은 바로 '마음을 결과보다 과정에 두는 것이 중요하다!'입니다. 그래서 긴 시간 동안 과정의 즐거움이야말로 수학을 배우는 진짜 이유임을 아이들과 부모님들께 알려드리려고 노력했는데요. 자신의 의견을 틀리더라도 자신 있게 얘기할 수 있고 체계·논리·합리적으로 표현하려고 노력하며 그 과정이 즐거운 공부가 바로 수학이니까요.

아이들이 자신을 꾸준히 격려·칭찬·사랑하고 과정을 즐기며 차근차근 성장해 나간다면 우리 모두가 자신을 존중하고 사랑하듯 주변도 사랑하는 것이 보다 자연스러워질 것입니다. 그런 과정 속에서, 수학적 사고를 통해 사안을 있는 그대로 객관적으로 바라볼 줄 아는 혜안을 키우고 체계·논리·합리적인 사고를 바탕으로 서로 교류하고 공감하고 소통하는 능력을 키워서 같이 함께 더불어 모두가 좋을 수 있는 방법(트리플 윈)을 찾아나가는 삶을 살아가면 참 좋겠습니다.

이 책을 통해 이 땅의 모든 아이와 부모님 그리고 선생님들이 좀 더 현재의 과정에 집중하여 자신을 있는 그대로 사랑하고 자신의 역량을 마음껏 펼치며 주변과도 조화롭게 어울리는 자존·창조·조화로운 '수' 재가 되기를 마음 깊이 기원합니다.